NJË UDHËTIM KULINARE NË BOTËN E KËRPUDHAVE

100 RECETA ME KËRPUDHA QË UJISIN GOJËN

Guzim Aliaj

Të gjitha të drejtat e rezervuara.

Mohim përgjegjësie

Informacioni i përmbajtur në këtë eBook ka për qëllim të shërbejë si një koleksion gjithëpërfshirës i strategjive për të cilat autori i këtij libri elektronik ka bërë kërkime. Përmbledhjet, strategjitë, këshillat dhe truket janë vetëm rekomandime nga autori dhe leximi i këtij libri elektronik nuk do të garantojë që rezultatet e dikujt do të pasqyrojnë saktësisht rezultatet e autorit. Autori i librit elektronik ka bërë çdo përpjekje të arsyeshme për të ofruar informacion aktual dhe të saktë për lexuesit e librit elektronik. Autori dhe bashkëpunëtorët e tij nuk do të mbajnë përgjegjësi për ndonjë gabim ose lëshim të paqëllimshëm që mund të gjendet. Materiali në eBook mund të përfshijë informacione nga palë të treta. Materialet e palëve të treta përfshijnë mendime të shprehura nga pronarët e tyre. Si i tillë, autori i librit elektronik nuk merr përsipër përgjegjësi ose përgjegjësi për ndonjë material ose opinion të palëve të treta. Qoftë për shkak të përparimit të internetit, ose për shkak të ndryshimeve të paparashikuara në politikën e kompanisë dhe udhëzimet e paraqitjes editoriale, ajo që deklarohet si fakt në kohën e këtij shkrimi mund të bëhet e vjetëruar ose e pazbatueshme më vonë.

Libri elektronik është me të drejtë autori © 2023 me të gjitha të drejtat e rezervuara. Është e paligjshme rishpërndarja, kopjimi ose krijimi i veprës së derivuar nga ky eBook tërësisht ose pjesërisht. Asnjë pjesë e këtij raporti nuk mund të riprodhohet ose ritransmetohet në çfarëdo forme pa lejen e shprehur me shkrim dhe të nënshkruar nga autori.

TABELA E PËRMBAJTJES

TABELA E PËRMBAJTJES...4

PREZANTIMI...8

KËRPUDHA ME KOSTONE TË BARDHË........................13
1. Kërpudha BBQ me soje dhe susam................14
2. Sallatë me kërpudha me vezë........................17
3. Sallatë vietnameze me kërpudha dhe petë......21
4. Kërpudha smokey BBQ fushore me thjerrëza....25
5. Sallatë me kërpudha dhe lakër të kuqe..........29

KËRPUDHAT E MANES SË LUANIT...........................32
6. Lion's Mane Quiche..33
7. Lion's Mane Gravy..36
8. Sallatë e ngrohtë me kërpudha të krive të luanit...38
9. Ëmbëlsira me Gaforre me Mane të Luanit.......41
10. Kërpudha Mane të Luanit të skuqura në pan...45
11. Të skuqura të grisë së luanit.........................49
12. dhe djathë me Mane Lion's...........................54
13. Ëmbëlsira "Gaforrja" me Mane të Luanit......59
14. Fileto Mane e Luanit.....................................62
15. Lion's Mane Clarity Latte..............................65
16. Lion's Mane "Lobster" Roll...........................67
17. Pancakes Mane Lion's..................................70

KËRPUDHAT SHIITAKE...73
18. Gratin me patate dhe kërpudha të egra........74
19. Supë hungareze me kërpudha......................78
20. Kërpudha të mbushura.................................81
21. Fajitas me kërpudha pule..............................84

22. Supë e madhe me kërpudha..88
23. Misër dhe Shiitake Fritters..91
24. Rizoto Shiitake-kërpudha...95
25. Kërpudha Shiitake e pjekur...98
26. Sallatë e ngrohtë Shiitake-Elb...................................101
27. Shiitake me susam krokante dhe të përtypur...........104
28. Kungull Acorn & kërpudha të egra........................108
29. lazanja me kërpudha të egra dhe ekzotike...............112
30. BQ duck & kërpudha të egra quesadilla.................117
31. Rrotulla buke të mbushura me kërpudha të egra....120
32. Halibut me kërpudha të egra dhe spinaq................123
33. Krem me kërpudha dhe oriz të egër......................127
34. Supë pule , kërpudha dhe topa matzo...................131
35. Kërpudha e përzier banh mi..................................137
36. Shiitake i mbushur..141

KËRPUDHA ENOKI..144

37. Enoki Mushrooms Stir Fry....................................145
38. Kërpudha Enoki e skuqur.....................................149
39. Supë me kërpudha Enoki.....................................152
40. Enoki Mushroom Masala......................................155
41. Kërpudha Enoki me Tofu......................................159
42. Supë Enoki...163
43. Supë peshku me kërpudha enoki........................166

KËRPUDHAT E PERLEVE...................................171

44. Dip me kërpudha perle...172
45. Sallatë rukole dhe kërpudha perle......................175
46. Makarona me Kërpudha dhe Gremolata..............178
47. Përzierje brokoli-kërpudha..................................182
48. Ganganelli jeshil me kërpudha deti....................185
49. Kërpudha gocë deti të gatuara në avull..............188
50. Linguine me salcë kërpudhash goca deti...........191
51. Supë me kërpudha perle......................................195

52. KËRPUDHA DETI ME LINGUINI..................198
53. KËRPUDHA PERLE TURSHI ME DJEGËS............201
54. KËRPUDHA DETI TË SKUQURA....................204
55. FISTON DETI TË PJEKUR DHE KËRPUDHA DETI....207
56. TROFTË ME SHITAKI & KËRPUDHA DETI..........213
57. SUPË ME XHENXHEFIL ME KËRPUDHA DETI........216
58. SUPË ME LAKËRISHTË DHE GOCË DETI...........219

KËRPUDHA KAFE ZVICERIANE..................223

59. PETULLA ME LULELAKËR ME KËRPUDHA..........224
60. TAS USHQIMOR ME ORIZ DHE KËRPUDHA VEGJETALE........227

MORELS....................................230

61. SALMON DHE MORELS.........................231
62. KREM SUPË ME KËRPUDHA E BËRË NË SHTËPI....234
63. MAKARONA MOREL............................237
64. PULË E LEHTË DHE MORELS...................240
65. MORELS TË MBUSHURA ME GAFORRE.............243
66. VEZË MOREL TË FËRGUARA....................246
67. ASPARAGUS DHE MORELS......................248
68. MORELS TË MBUSHURA ME DJATHË..............250
69. MORELE ME MIELL...........................253
70. MORELS TË SKUQURA NË PAN..................255
71. MORELS NË GJALPË..........................257
72. SALCA E KËRPUDHAVE MOREL..................259
73. MOREL ME KRIPURA ME KRIPË.................263
74. MOREL ME THËRRIME BUKE DHE PARMIXHAN......268
75. MORELS TË SKUQURA NË TIGAN................271

KËRPUDHAT E PORCINI.......................274

76. BIFTEKË TË FËRKUAR ME PORCINI.............275
77. KËRPUDHA TURSHI SOJE......................278
78. KALZONE ME KËRPUDHA......................281
79. ASPARAGUS & MORELS NË VINAIGRETTE.........286

    80. Djathë blu & kërpudha të egra..................289

KËRPUDHA GËSHTENJA..................292

    81. Puding me bukë me kërpudha dhe presh.................293
    82. Gështenja dhe kërpudha të egra.............................297
    83. Kërpudha Rogan..299

CREMINI..................303

    84. Crimini Mushroom Crostini...................................304
    85. Marinadë Crimini dhe Karrota..............................307
    86. Kërpudha "Rizoto" me Feta..................................310
    87. Strudel me kërpudha..313
    88. Krem supë me kërpudha.......................................316
    89. Tavë me kërpudha Crimini...................................319
    90. Linguine me kërpudha dhe salcë...........................321
    91. Makarona me spinaq me kërpudha........................324

PORTOBELLO..................328

    92. Supë me kërpudha Portobello...............................329
    93. Omëletë me kërpudha të fryra..............................333
    94. Portobellos të pjekur romane................................336
    95. Biftekë portobello të pjekura në Barbekju............339
    96. Portobellos mëngjes me shiitakes.........................342
    97. Madira pule me portobello...................................345
    98. Lazanja me patëllxhanë dhe portobello.................350
    99. Sanduiç dhe Pesto me biftek me kërpudha.............355
    100. Pica e pjekur në skarë Bianca portobellos............358

PËRFUNDIM..................363

PREZANTIMI

A. **Kërpudha e bardhë** është një kërpudha e ngrënshme e cila ka dy gjendje ngjyrash ndërsa e papjekur - e bardhë dhe kafe - të dyja kanë emra të ndryshëm. Kur piqet, njihet si kërpudha Portobello. Kërpudha me butona të bardhë është varieteti i papjekur dhe i bardhë. Është më e zakonshme dhe me shije më të butë nga të gjitha llojet e kërpudhave.

B. **Kërpudha Crimini** e njohur edhe si kërpudha Cremino, kërpudha zvicerane kafe, kërpudha romake kafe, kërpudha kafe italiane, kërpudha kafe klasike ose kërpudha gështenjë. Criminis janë kërpudha të reja Portobello, të shitura gjithashtu si portobello për bebe, dhe ato janë thjesht kërpudha të bardha më të pjekura.

C. **Kërpudha Portobello** E njohur ndryshe si: kërpudha e fushës, ose kërpudha me kapak të hapur.

Kërpudhat Portobello janë të dendura në cilësi dhe kanë një shije të pasur. Në Itali, ato përdoren në salca dhe makarona dhe janë një zëvendësues i shkëlqyeshëm i mishit. Gjithashtu, nëse dëshironi një zëvendësues të simiteve të bukës, mund të përdorni edhe kapakun e sheshtë të kërpudhave. Janë perfekte për pjekje dhe mbushje.

D. **Kërpudha Shiitake** E njohur edhe si: Shitake, pyll i zi, dimër i zi, lisi kafe, i zi kinez, kërpudha e zezë, e zezë orientale, kërpudha pylli, lisi i artë, Donko. Shiitake kanë një shije dhe aromë të lehtë druri, ndërsa homologët e tyre të tharë janë më intensivë. Ato janë të shijshme dhe me mish dhe mund të përdoren për të mbushur gatime me mish dhe për të përmirësuar supat dhe salcat. Shiitake mund të gjendet si i freskët ashtu edhe i tharë.

E. **Kërpudhat e detit** janë disa nga kërpudhat e ngrënshme më të kultivuara në botë. Kërpudha mbretërore e trumbetës është specia më e madhe në gjininë e kërpudhave të detit. Ato janë të thjeshta për t'u gatuar dhe ofrojnë një aromë delikate dhe të ëmbël. Ato përdoren veçanërisht në skuqje ose skuqje, sepse janë vazhdimisht të holla, dhe kështu do të gatuhen më në mënyrë të barabartë se kërpudhat e tjera.

F. **Kërpudhat Enoki** janë në dispozicion të freskëta ose të konservuara. Ekspertët rekomandojnë konsumimin e ekzemplarëve të freskët enoki me kapele të forta, të bardha dhe me shkëlqim, në vend të atyre me kërcell të rrëshqitshëm ose kafe që më së miri shmangen. Janë mirë të papërpunuara dhe janë të zakonshme në gatimin aziatik. Për shkak se janë të freskëta, qëndrojnë mirë në supa dhe shkojnë mirë në sallata, por mund t'i përdorni edhe në gatime të tjera.

G. **Kërpudhat Chanterelle** janë portokalli, të verdhë ose të bardhë, mishi dhe në formë borie. Për shkak se ato janë të vështira për t'u kultivuar, kanterelat zakonisht kultivohen në të egra. Disa lloje kanë një aromë frutash, të tjera një aromë më drurësh dhe tokësore dhe të tjera mund të konsiderohen edhe pikante.

H. **Kërpudha porcini** është një kërpudha me mish e ngjashme me portobelon, porcini janë lloje kërpudhash që përdoren shpesh në kuzhinën italiane. Shija e saj është përshkruar si arra dhe pak mish, me një strukturë të butë, kremoze dhe një aromë të veçantë që të kujton brumin e thartë.

I. **Kërpudha Shimeji** duhet të gatuhet gjithmonë: nuk është një kërpudha e mirë për t'u servirur e papërpunuar për shkak të një shije disi të hidhur. Hidhërimi i saj zhduket plotësisht kur gatuhet dhe kërpudhat marrin një shije pak arrë. Kjo është një nga ato lloje kërpudhash që funksionojnë mirë në pjatat e skuqura, në supa, zierje dhe salca.

J. **Kërpudha Morel** ka një pamje huall mjalti në kapakun e tyre. Morelët vlerësohen nga kuzhinierët gustatorë, veçanërisht në kuzhinën franceze, sepse ato janë super të shijshme dhe të shijshme.

KËRPUDHA ME KOSTONE TË BARDHË

1. Kërpudha bbq me soje dhe susam

Përbërësit

- 4 kërpudha të mëdha të bardha të fushës
- 2 bok choy, të prera në gjysmë për së gjati, të lara mirë
- 400 g tofu të skuqur, të prerë në feta trashë

Marinadë:

- 2 lugë salcë soje
- 1/3 filxhan mjaltë 3 lugë gjelle lëng gëlqereje 1/2 lugë çaji thekon djegës
- 2 thelpinj hudhre, te grira

Garniturat:

- Gjethet e koriandrit
- Farat e thekura të susamit
- Pykat e gëlqeres

Drejtimet

a) Për të bërë marinadë, përzieni të gjithë përbërësit së bashku. Marinojini kërpudhat në 3/4 e marinadës, për rreth. 15 minuta.

b) Vendosni kërpudhat, bok choy dhe feta tofu në një tabaka të madhe dhe derdhni marinadën kudo, duke u siguruar që kërpudhat të jenë të veshura mirë.

c) Ngrohni barbeque në nxehtësi të lartë dhe grijini kërpudhat deri sa të shemben, por ende të forta në prekje.

d) Vendosni kërpudhat në marinadën e mbetur dhe lyeni edhe një herë kërpudhat. Le menjane. Vazhdoni të gatuani tofu dhe bok choy, 2-3 minuta nga secila anë.

e) Në një pjatë ose dërrasë të madhe, vendosni bok choy, me anën e prerë lart së bashku me tofu dhe 4 kërpudhat e mëdha sipër. Spërkateni me farat e susamit dhe koriandër dhe zbukurojeni me feta gëlqereje.

2. Sallatë me kërpudha me vezë

Përbërësit

- 500 g kërpudha me butona të bardha, të fshira
- 1 kungull i njomë, i prerë në shirita (përdorni një qëruese)
- 4 panxhar të vogël-mesatar, të hequr majat
- 1-2 lugë sheqer
- 1 lugë çaji kripë

Garniturat:

- Barishte të freskëta nenexhik, borzilok, majdanoz ose kopër
- Farat e susamit të zi Faqet e limonit
- 1 kanaçe qiqra të kulluara
- 4 vezë 100 gr raketë
- 1 avokado
- 2 luge vaj ulliri
- Kripë dhe piper
- Bukë e sheshtë e pjekur në skarë, për ta shërbyer

Marinadë:

- 4 lugë gjelle vaj ulliri EV
- 2 lugë uthull balsamike të vjetruar
- 1 lugë çaji mustardë Dijon Kripë dhe piper Një grusht gjethe borziloku të grisura
- Karrota turshi: 200 g karrota, të qëruara dhe të prera
- 1 gotë ujë
- 1/2 filxhan uthull të bardhë

Drejtimet

a) Ngroheni furrën në 180°C. Vendosni panxharët në një copë petë të madhe, spërkatni me vaj ulliri dhe kripë e piper dhe mbështillni në copa. Vendoseni në tepsi dhe piqni në furrë derisa panxhari të jetë gati.

b) Lëreni të ftohet. Qëroni lëkurën e panxharit dhe priteni në të katërtat ose të tetat. Vendoseni mënjanë në një tas dhe spërkatni me pak vaj ulliri dhe erëza shtesë.

c) Ndërkohë, ziejini vezët në ujë të vluar për 7 minuta dhe freskojini nën ujë të ftohtë të rrjedhshëm. Qëroni dhe lërini mënjanë.

d) Për marinadën e kërpudhave, përzieni vajin e ullirit, uthullën balsamike, mustardën, kripën dhe piperin. Shtoni kërpudhat e prera në feta dhe borzilokun dhe lyejini mirë. Le menjane.

e) Shërbejeni duke përdorur 4 tasa të cekëta. Vendosini në grupe të vogla rreth skajit të brendshëm të tasave, qiqrat, fetat e kungujve të njomë, panxharët me raketë poshtë, kërpudhat, karotën turshi dhe avokadon. Vendosni vezët me anën e prerë lart.

f) Spërkateni me një sasi të mirë vaji ulliri ekstra të virgjër, kripë dhe piper, farat e susamit të zi dhe barishte të freskëta. Shërbejeni me një faqe limoni dhe një copë bukë të pjekur në skarë.

3. Sallatë vietnameze me kërpudha dhe petë

Përbërësit

- 400 g kërpudha të bardha, të prera në feta hollë
- 230 gr petë të holla orizi (në stil vermiçeli)
- 1 karotë mesatare, e qëruar dhe e prerë në shkopinj të hollë
- 1 kastravec kontinental të përgjysmuar për së gjati, fara
- 1 thelpi hudhër mesatare e madhe, e grirë imët
- 1-2 spec djegës të vegjël të kuq, me fara dhe të grira hollë

Garniturat:

- 1/2 filxhan kikirikë të copëtuar (nëse përdorni) ose qepe krokante
- Gëlqere ose copa limoni (opsionale)
- vaj susami
- 1 qepë e vogël e kuqe, e qëruar, e prerë hollë për së gjati
- 1 filxhan lakër fasule, larë dhe kulluar

- 1 tufë koriandër, i larë, i hequr rrënjët
- 1/2 tufë mente, e larë, gjethet e zgjedhura

Veshja:

- 1/2 filxhan salcë peshku
- 1/3 filxhan sheqer palme
- 1/4 filxhan lëng limoni ose gëlqereje të freskët

Drejtimet

a) Gatuani petët sipas udhëzimeve në paketim. Shpëlajeni me ujë të ftohtë dhe kullojeni mirë. Lërini mënjanë në një tas të madh përzierjeje.

b) Për veshjen, vendosni të gjithë përbërësit e salcës në një kavanoz dhe tundeni mirë që të bashkohen. Le menjane.

c) Në enën e petëve, shtoni karotën, kastravecin, qepën e kuqe, lakër fasule, kërpudhat dhe 3/4 e barishteve. Hidhini të gjithë përbërësit butësisht me duar dhe më pas shtoni salcën. Hidheni edhe një herë për t'u kombinuar.

d) Në një pjatë të madhe servirjeje ose në enë individuale, shërbejeni sallatën e mbushur me kikirikë të copëtuar (ose shallots), barishtet e mbetura dhe një spërkatje shumë të vogël me vaj susami.

e) Dekoroni me copa limoni dhe/ose gëlqereje.

4. Kërpudha smokey bbq fushore me thjerrëza

Përbërësit

- 4 kërpudha të mëdha kafe
- 1 filxhan thjerrëza jeshile
- 250 g bishtaja, të lara, të hequra majat
- 400 gr kungull të qëruar, të pastruar dhe të prerë në copa me trashësi 1 cm
- 100 gr gjethe sallate, spinaq bebe/rakete/gjethe te perziera
- Një grusht majdanoz, i larë dhe i prerë përafërsisht
- 50 gr bajame të thekura
- Një grusht me gjethe nenexhiku

Marinadë:

- 1/4 filxhan vaj ulliri EV Lëng prej 2 limonësh
- 1 thelpi hudhër, e grirë
- 1 lugë çaji piper i tymosur Kripë dhe piper

Drejtimet

a) Për marinadën e kërpudhave, përzieni së bashku 3 lugë gjelle vaj ulliri, lëng limoni, hudhër, paprika të tymosur, kripë dhe piper. Lërini mënjanë 3-4 lugë gjelle marinadë për ta përdorur më vonë si salcë. Hidhni marinadën e mbetur mbi kërpudhat, duke i lyer mirë. Lëreni mënjanë për përafërsisht. 20 minuta.

b) Për të gatuar thjerrëzat, shpëlajini me ujë të ftohtë dhe kullojini. Në një tenxhere të madhe shtoni 4 gota ujë në 1 filxhan thjerrëza. Për aromë shtesë shtoni një gjethe dafine. E vëmë tenxheren të vlojë, më pas e zvogëlojmë në një zjarr të ulët, e mbulojmë dhe e gatuajmë për rreth. 20 minuta. Duke përdorur një sitë, kulloni ujin nga thjerrëzat dhe hidhni gjethen e dafinës. Lëreni të ftohet.

c) Vendosim fasulet dhe kungullin në një tas dhe lyejmë mirë me pak vaj ulliri, kripë dhe piper.

d) Ngrohni paraprakisht skarën në nxehtësi mesatare dhe të lartë dhe grijini perimet në skarë derisa të zbuten.

e) Vendosni perimet e pjekura në skarë në një tas të madh. Grijini kërpudhat në skarë, duke i kthyer shpesh për rreth. 5-6 minuta. Lërini mënjanë në një tas të veçantë dhe spërkatni me majdanoz.

f) Për të kombinuar sallatën, shtoni thjerrëzat e gatuara në fasule dhe kungull, shtoni gjethet e sallatës, nenexhikun dhe dressing-in e mbetur. Butësisht me duar, përzieni mirë sallatën.

g) Për ta servirur vendosim sallatën me thjerrëza në një pjatë të madhe, spërkasim me bajame të grira dhe sipër vendosim 4 kërpudha. Spërkateni me lëngjet e mbetura nga kërpudhat.

h) Shërbejeni me bukë me kore ose me mishrat tuaja të preferuara të pjekura në skarë.

5. Sallatë me kërpudha dhe lakër të kuqe

Shërben 2-4

Përbërësit

- 100 g kërpudha butona, të prera hollë
- 100 gr kërpudha shiitake, bishtat e hedhura, kapakët e prerë hollë
- 100 g kërpudha gocë deti, të prera hollë
- 2 lugë gjelle lëng limoni
- 2 lugë çaji salcë soje
- 1 thelpi hudhër, të qëruar dhe të shtypur
- 2 lugë gjelle lëng limoni
- 3 lugë vaj ulliri ekstra të virgjër
- $\frac{1}{4}$ lakër e kuqe (rreth 150 g), bërthama e hequr, e grirë hollë
- 2 lugë uthull musht
- 1 lugë çaji sheqer pluhur
- 100 ml kos të thjeshtë
- 50 ml vaj vegjetal
- Kripë dhe piper të zi

- Një grusht gjethe borziloku

Drejtimet

a) Vendosni butonin dhe kërpudhat shiitake në një tas dhe kërpudhat e detit në një tjetër. Shtoni lëngun e limonit dhe salcën e sojës në buton dhe shiitake. Shtoni hudhrën dhe 1 lugë gjelle lëng limoni tek kërpudhat e gocës. Secilit shtoni gjysmën e vajit të ullirit dhe më pas përzieni.

b) Përziejmë lakrën me uthullën dhe sheqerin dhe lëmë të marinohen si lakrën ashtu edhe kërpudhat për të paktën 2 orë, mundësisht 6-8, të mbuluara në frigorifer. Hidhini të dyja disa herë.

c) Lëngun e mbetur të limonit e përzieni me kosin dhe vajin vegjetal dhe e rregulloni me kripë dhe piper. Për t'i shërbyer, hidhni kërpudhat së bashku dhe kullojeni lëngun prej tyre. Grini gjethet e borzilokut dhe përzieni me lakrën.

d) Ndani lakrën në pjata, më pas vendosni kërpudhat sipër. Përziejeni përsëri kosin dhe më pas hidheni mbi sallatë.

Kërpudhat e Manes së LUANIT

6. Lion's Mane Quiche

Përbërësit

- 1 Lëvozhgë pastiçerie
- Hidh kripë dhe piper
- 2 gota djathë të grirë
- 1 filxhan Qumesht
- 1 qepë mesatare, e prerë në kubikë
- 2 luge miell
- ½ paund. Kërpudha Mane e Luanit, të prera hollë
- ¼ lugë çaji mustardë e thatë
- 1 lugë gjelle gjalpë 3 vezë
- 1 luge vaj ulliri

Drejtimet:

a) Mbuloni pjesën e poshtme të lëvozhgës së pastë me djathë. Kaurdisni kërpudhat dhe qepën në një përzierje prej 1 lugë gjelle gjalpë dhe 1 lugë gjelle vaj ulliri derisa të zbuten.

b) Vendosni përzierjen e kërpudhave/qepës sipër djathit. Shtoni kripë dhe piper për shije.

c) Rrihni së bashku miellin, vezët, qumështin dhe mustardën e thatë dhe hidhini sipër shtresës së kërpudhave. Piqeni në 375 gradë ose derisa qendra të jetë e fortë.

7. Lion's Mane Gravy

Përbërësit

- ½ paund. Kërpudha Mane e Luanit, të prera në feta ose të copëtuara
- 3 lugë gjalpë
- ¼ filxhan qepë të copëtuar
- 2 gota krem të lehtë (ose qumësht sipas dëshirës)
- 2 gota ujë
- 3 luge miell

Drejtimet:

a) Bashkoni ujin dhe 2/3 e kërpudhave, ziejini për 20 minuta. Në një tigan të veçantë kaurdisni gjalpin, kërpudhat dhe qepët e mbetura derisa të marrin ngjyrë kafe.

b) Spërkateni përzierjen e miellit mbi përzierjen e kërpudhave/qepës dhe gatuajeni disa minuta.

c) Kombinoni kremin (ose qumështin) dhe përzierjen e ujit dhe shtoni në përzierjen e sautit. Ziejini në një tigan të hapur derisa të arrihet konsistenca e dëshiruar.

8. Sallatë e ngrohtë me kërpudha të krive të luanit

Rendimenti: 1 porcion

Përbërësit

- 2 luge vaj ulliri
- 1 limon; lëngun e
- 2 lugë çaji mustardë integrale
- 1 lugë gjelle mjaltë të pastër
- Kripë dhe piper i zi i sapo bluar
- 3 lugë vaj ulliri
- 2 Bukë hambare të prera në feta; koret e hequra, gjethet e sallatës të përziera
- 8 domate qershi; përgjysmuar
- 1 pako 125 g kërpudha Lion's Mane; përgjysmohet pastaj secila; gjysmë të prera hollë

Drejtimet:

a) Përziejini së bashku të gjithë përbërësit për salcë dhe shtoni erëza sipas shijes. Ftoheni derisa të kërkohet.

b) Ngrohni 2 lugë vaj në një tigan, shtoni kubikët e bukës dhe skuqini nga të gjitha anët deri në kafe të artë. Kullojini në letër thithëse kuzhine.

c) Vendosni gjethet e përgatitura të marules, domatet qershi dhe krutonët në pjata për servirje ose në një tas të madh.

d) Ngroheni lugën e mbetur të vajit në tigan, shtoni hudhrën dhe fetat e kërpudhave Lion's Mane. Skuqeni kërpudhat deri në kafe të artë nga secila anë, zgjat afërsisht 3-5 minuta.

e) Rregulloni fetat e kërpudhave mbi sallatë dhe derdhni sipër salcës së sallatës.

9. Ëmbëlsira me Gaforre me Mane të Luanit

Përbërësit

- 8 oz. Kërpudha Mane e Luanit
- 1 vezë (ose vezë liri)
- 1/2 filxhan bukë panko
- 1/4 filxhan qepë (të prerë hollë)
- 1 lugë majonezë ose majonezë vegane
- 1 lugë çaji salcë Worcestershire
- 3/4 lugë çaji erëza të vjetra të gjirit
- 1 lugë çaji mustardë dijon
- 1 lugë majdanoz (i grirë imët)
- 1/4 lugë çaji kripë (për shijen tuaj)
- 1/4 lugë çaji piper i zi
- 2-3 lugë vaj (për të skuqur ëmbëlsira)
- 2 garnitura optimale: copa limoni
- Salcë e shpejtë tartar
- 1/4 filxhan majonezë ose majonezë vegane
- 1 lugë gjelle shije të turshive të koprës

- 1/4 e lugës së çajit erëza të vjetra të gjirit

Drejtimet

a) Prisni me dorë kërpudhat e Mane të Lion's në copa të vogla që i ngjajnë teksturës së gaforres.

b) Në një tas të madh, kombinoni vezën, majonezën, qepën, salcën Worcestershire, erëzat e vjetra të dafinës, mustardën Dijon, majdanozin (të grirë imët), kripën dhe piperin. Përziejini derisa të përfshihen plotësisht.

c) Përziejini në Lion's Mane Mushroom derisa të përfshihet plotësisht.

d) Përziejini bukën me thërrime Panko derisa të përfshihen plotësisht.

e) Formoni përzierjen në 3-4 peta të sheshta të rrumbullakëta me madhësi të barabartë (rreth 1/2 deri në 3/4 inç të trasha).

f) Ngrohni vajin në një tigan të zier në nxehtësi mesatare/të lartë.

g) Gatuani petat për rreth 2-3 minuta nga çdo anë. Duhet të jetë kafe e artë dhe të gatuhet gjatë gjithë kohës.

h) Shtoni garniturën sipas dëshirës, shtrydhni limonin dhe shijojeni!

10. Kërpudha Mane të Luanit të skuqura në pan

Përbërësit

Për kërpudhat:

- 1 paund. kërpudha të krive të luanit, të fshira dhe të prera në copa ⅓ -inç
- 1 vezë
- ½ filxhan qumësht
- 1 filxhan miell për të gjitha përdorimet
- 2 lugë çaji paprika
- 2 lugë çaji borzilok të thatë
- 1 ½ lugë çaji kripë deti
- 1 lugë çaji piper i bluar
- 1 lugë çaji hudhër pluhur
- 1 lugë çaji pluhur qepë
- 3-6 lugë vaj vegjetal për gatim

Drejtimet

a) Në një enë rrihni vezën derisa të zihet dhe përzieni qumështin derisa të bashkohet. Në një enë tjetër, kombinoni miellin me të gjitha erëzat e thara - paprikën përmes pluhurit të qepës dhe përzieni mirë.

b) Zhytni një fetë kërpudha të krive të luanit në përzierjen e vezëve dhe më pas fshijeni në përzierjen e miellit. Vendoseni mënjanë në një pjatë të madhe ose në një dërrasë prerëse. Vazhdoni derisa rreth gjysma e kërpudhave të zhyten dhe gërmohen.

c) Ngroheni një tigan të madh mbi nxehtësinë mesatare. Shtoni 1-2 lugë vaj vegjetal (ose yndyrë gatimi sipas dëshirës) në tigan dhe rrotulloni vajin e nxehtë përreth.

d) Përdorni darë për të vendosur butësisht fetat e kërpudhave të gërmuara në tigan, duke u kujdesur që të mos grumbullohet tigani. Uleni nxehtësinë në të ulët - kjo do të lejojë që kërpudhat të gatuhen plotësisht pa djegur dhe skuqur shumë. Përkuleni pak tiganin për të përhapur vajin në mënyrë të barabartë. Vazhdoni të gatuani nga njëra anë për 3-4 minuta në zjarr të ulët, duke u kujdesur që të mos digjen kërpudhat.

e) Përdorni darë për të kthyer me kujdes çdo pjesë të kërpudhave dhe gatuajeni nga ana tjetër për 3-4 minuta.

f) Hiqni me kujdes kërpudhat e skuqura nga tigani dhe vendosini në një peshqir letre për të thithur vajin e tepërt.

g) Fshijeni tiganin me një peshqir letre të pastër (përdorni darë për të mbajtur peshqirin e letrës që të mos digjeni dorën tuaj!!) dhe përsëritni hapat 2-4 derisa kërpudhat të jenë gatuar të gjitha.

h) Përzieni së bashku ketchup + majonezë (ose përdorni zhytjen tuaj të preferuar) dhe shërbejeni të ngrohtë.

11. të skuqura të grisë së luanit.

Serbimet: 4

Përbërësit

Për kërpudhat:

- 1 paund. kërpudhat e krive të luanit të fshira dhe të prera në copa ⅓ -inç
- 1 vezë
- ½ filxhan qumësht (çdo lloj - i pa ëmbëlsuar dhe pa aromë nëse përdorni qumësht bimore)
- 1 filxhan miell për të gjitha përdorimet
- 2 lugë çaji paprika
- 2 lugë çaji borzilok të thatë (ose erëza italiane ose rigon)
- 1 ½ lugë çaji kripë deti
- 1 lugë çaji piper i bluar
- 1 lugë çaji hudhër pluhur
- 1 lugë çaji pluhur qepë
- 3-6 lugë vaj vegjetal për gatim (ose yndyrë gatimi sipas dëshirës)

Për zhytjen:

- 2 lugë majonezë
- 2 lugë ketchup
- Pajisje speciale
- 2 enë mesatare
- Një pjatë e madhe ose dërrasë prerëse (ose çdo sipërfaqe e pastër e sheshtë)
- Tigan i madh që nuk ngjit
- Darë
- Pjatë e veshur me peshqir letre

Drejtimet

a) Në një enë përzieni vezën dhe qumështin. Në një enë tjetër, kombinoni miellin me të gjitha erëzat e thara - paprikën përmes pluhurit të qepës dhe përzieni mirë.

b) Zhytni një fetë kërpudha të krive të luanit në përzierjen e vezëve dhe më pas fshijeni në përzierjen e miellit. Vendoseni mënjanë në një pjatë të madhe ose në një dërrasë prerëse. Vazhdoni derisa të gjitha kërpudhat të jenë zhytur dhe gërmuar.

c) Ngroheni një tigan të madh mbi nxehtësinë mesatare. Shtoni 1-2 lugë vaj në tigan dhe rrotullojeni përreth. Vendosni fetat e kërpudhave të gërmuara në tigan, duke u kujdesur që të mos grumbullohet tigani. Uleni zjarrin në minimum dhe anojini pak tiganin për të përhapur vajin përreth. Gatuani për 3-4 minuta nga çdo anë, duke u kujdesur që të mos digjen kërpudhat.

d) Hiqni me kujdes kërpudhat e skuqura nga tigani dhe vendosini në një peshqir letre për të thithur vajin e tepërt.

e) Fshijeni tiganin me një peshqir letre të pastër (përdorni darë për të mbajtur peshqirin e letrës që të mos digjeni dorën tuaj!!) dhe përsëritni hapat 3-4 derisa kërpudhat të jenë gatuar të gjitha.

f) Përzieni së bashku ketchup + majonezë (ose përdorni zhytjen tuaj të preferuar) dhe shërbejeni të ngrohtë.

12.   dhe djathë me Mane Lion's

PRODHIMI: 1 OMELETE

Përbërësit

- Vezë, 2 të mëdha secila (3,6 oz.) (102 g)
- Kërpudha, Mane e Luanit, të prera në kubikë të vegjël 1/4 filxhan (0,6 oz.) (17 g)
- Proshutë, stil ushqimor, i prerë në feta të holla, i prerë në kubikë të vogël 1/3 filxhan (1 oz.) (28 g)
- Djathë, Colby Jack, i grirë. 1/3 filxhan (1 oz.) (28 g)

Drejtimet:

a) Ngrohni paraprakisht tiganin tuaj në mesatare/të ulët në mesatare.
b) Mblidhni të gjithë përbërësit tuaj.
c) Pritini në kubikë kërpudhat dhe proshutën.

d) Në një tas të vogël, rrihni vezët së bashku. Nëse dëshironi një omëletë me gëzof, shtoni rreth 1 lugë gjelle qumësht dhe përzieni.

e) Në tiganin e thatë të parangrohur, kaurdisni kërpudhat e prera në kubikë derisa ato të fillojnë të marrin ngjyrë kafe të artë.

f) Gatuani proshutën e prerë në kubikë ndërsa kërpudhat po skuqen.

g) Kombinoni kërpudhat dhe proshutën së bashku në tigan.

h) Nëse keni një unazë omlete, ajo mund të përdoret tani.

i) Vendosni shtresën e hollë të yndyrës që dëshironi në tigan. Kam përdorur sprej gatimi, gjalpë, yndyrë proshutë dhe vaj ulliri. Vetëm sigurohuni që ta shpërndani dhe të jetë mjaft e madhe që omleta të gatuhet.

j) Hidhni vezët e rrahura në tiganin e nxehtë të lyer me yndyrë. Vezët duhet të jenë në një rreth 6 inç të rrumbullakët.

Nëse vezët fillojnë të rrjedhin në tigan, përdorni shpatullën tuaj dhe kthejeni atë në një formë rrethi.

k) Kur vezët të pushojnë së rrjedhuri, shtoni proshutën dhe kërpudhat e ziera sipër dhe shpërndani në mënyrë të barabartë rreth rrethit.

l) Gatuani omëletën për rreth 2 minuta nga secila anë. Por koha e gatimit do të ndryshojë. Ju duhet ta gatuani omëletën sipas pamjes së saj, sepse çdo tigan do të ndryshojë në temperaturë.

m) Kur omëleta me proshutë dhe kërpudha është gatuar nga njëra anë, është koha për ta kthyer. Me një shpatull të madhe, kthejeni me kujdes omëletën.

n) Shtoni gjysmën e djathit të grirë në gjysmën e omëletës.

o) Pasi të jenë gatuar omëletat e kërpudhave, proshutës dhe djathit, kthejeni përgjysmë në mënyrë që pala jo djathë të kalojë mbi djathin e shkrirë.

p) Hidhni sipër djathin e mbetur të grirë dhe hiqeni nga tigani.

13. Ëmbëlsira "Gaforrja" me Mane të Luanit

Jep 6 racione

Përbërësit :

- ⅓ filxhan majonezë
- 1 vezë e madhe
- 2 lugë mustardë dijon
- 2 lugë çaji salcë Worcestershire
- 2 gota copa kërpudhash të dehidratuara nga Mane e Luanit
- 1 spec i kuq zile, i prerë në kubikë
- 1 qepë, e prerë në feta
- 2 thelpinj hudhre, te grira
- ½ filxhan miell ose thërrime buke (opsionale pa gluten)
- Lëng limoni, për shije
- Kripë dhe piper të zi për shije

Drejtimet:

a) Në një tas të vogël, përzieni majonezën, vezën, mustardën dhe salcën Worcestershire.

b) Në një tas të madh, shtoni kërpudhat e Mane të Luanit me specin zile, qepën dhe hudhrën. Përziejini me miell ose thërrime buke, kripë dhe piper. Përziejini përbërësit e tasit të vogël.

c) Përdorni përzierjen për të formuar 6 apo më shumë peta.

d) Lyejeni një tigan të madh me vaj dhe ngrohni në temperaturë mesatare. Shtoni ëmbëlsirat dhe gatuajeni derisa të marrin ngjyrë të artë dhe krokante, disa minuta nga njëra anë.

e) Shijoni përfitimet shëndetësore të Mane të Luanit kur shijoni këto ëmbëlsira me lëng limoni ose një majë tjetër të preferuar.

14. Fileto Mane e Luanit

Përbërësit :

- 1 kile kërpudha Lion's Mane, e prerë në fileto $\frac{3}{4}$ inç, uji i tepërt i shtypur
- 1 lugë ghee
- $\frac{1}{2}$ filxhan verë të bardhë të thatë (ose zëvendësojeni me 2 lugë sheri të thatë)
- 1 qepe e mesme, e grirë (ose zëvendësohet me 3 thelpinj hudhër)
- Kripë dhe piper të zi për shije

Drejtimet:

a) I rregullojmë filetot e Manes së Luanit me kripë dhe piper

b) Ngroheni ghee në një tigan të madh në nxehtësi mesatare-të lartë.

c) Shtoni Mane të Luanit dhe shtypni me një shpatull për të eliminuar ujin e tepërt. Skuqeni nga të dyja anët nën ngjyrë kafe dhe të butë.

d) Ulni nxehtësinë në mesatare-të ulët. Shtoni verë ose sheri dhe qepe ose hudhër, mbulojeni dhe gatuajeni derisa hudhra të jetë e butë.

e) Shërbejeni me anët tuaja të preferuara dhe shijoni përfitimet shëndetësore të Manes së Luanit, në mënyrë të shijshme!

15. Lion's Mane Clarity Latte

Jep 1 porcion

Përbërësit :

- ½ filxhan kafe
- ½ lugë çaji tinkturë Mushroom Revival Lion's Mane
- ½ filxhan qumësht sipas dëshirës
- Pikë kanelle
- Majë arrëmyshk

Drejtimet:

a) Shtoni përbërësit në një blender.

b) Përziejini në temperaturë të lartë derisa të bëhet shkumë dhe të përzihet plotësisht.

16.   Lion's Mane "Lobster" Roll

Përbërësit :

- 2 vezë të mëdha
- 2 lugë erëza Old Bay
- 1 lugë çaji kripë selino
- 2 lugë gjelle lëng limoni
- Kërpudha 1 kile Lion's Mane, të prera në feta ¼ inç
- 3 lugë vaj ulliri ose ghee
- ½ filxhan majonezë
- ½ qepë e kuqe, e prerë në kubikë
- ¼ filxhan kopër të freskët, të copëtuar
- ¼ filxhan majdanoz të freskët, të grirë
- ½ filxhan selino të prerë hollë
- 4 role, hoagie ose franceze (opsion për t'u shërbyer në sallatë)
- Kripë dhe piper

Drejtimet:

a) Në një enë mesatare rrihni vezët. Hidhni erëzat e Old Bay, kripën e selinos dhe lëngun e limonit.

b) Shtoni fetat e kërpudhave në përzierjen e vezëve dhe hidhini derisa të përthithen.

c) Ngrohni vajin ose ghee në një tigan të madh mbi nxehtësinë mesatare-të lartë. Gatuani fetat e kërpudhave, duke skuqur secilën anë për rreth 2 minuta. Hiqni kërpudhat dhe kullojini në peshqir letre. Pasi të jenë ftohur, grijini kërpudhat me një palë pirunë ose me gishta.

d) Në një tas mesatar, kombinoni majonezën, qepët, koprën, majdanozin dhe selinon. Shtoni kërpudhat e grira dhe përziejini mirë. Shtoni kripë shtesë selino dhe/ose lëng limoni për shije.

e) Pritini rrotullat e bukës ose përgatitni një sallatë për t'i shërbyer "karavidhes" të Manës së Luanit. Kënaquni!

17. Pancakes Mane Lion's

Jep 2 porcione

Përbërësit :

- 2 vezë të mëdha
- 1 1/2 filxhan qumësht bajame
- 1 ¼ filxhan miell (zëvendësues për opsionet pa gluten)
- ¼ filxhan gjalpë të shkrirë
- 1 filxhan Mane të freskët të Luanit, e copëtuar
- Mbushjet e zgjedhjes

Drejtimet:

a) Në një tas të madh, rrihni së bashku vezët dhe qumështin.

b) Shtoni miellin, gjalpin dhe kërpudhat dhe përzieni derisa të jenë të lëmuara.

c) Shtoni gjalpin në një tigan mbi nxehtësinë mesatare, shtoni ½ filxhan përzierje në tigan dhe kthejeni kur të shfaqen flluska. Kur të dyja anët të kenë marrë ngjyrë kafe të artë, shtoni maja dhe hani!

Kërpudhat SHIITAKE

18. Gratin me patate dhe kërpudha të egra

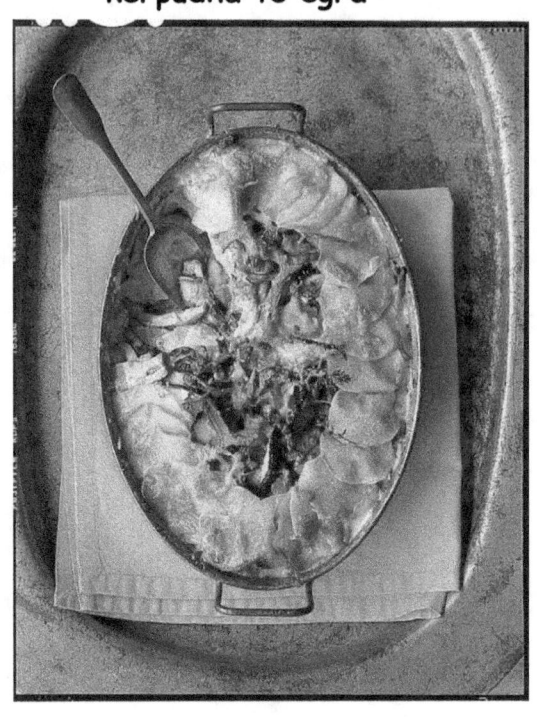

Përbërësit:

- 5 oz. djathë blu i thërrmuar
- 1 ½ lugë gjelle gjalpë
- 1 ½ lugë çaji trumzë e freskët e copëtuar
- 1 paund. kërpudha të freskëta të përziera
- 1 lugë çaji kripë
- 2 ½ filxhan krem për rrahje ½ lugë çaji piper
- 2 paund. Patate Yukon Gold, të qëruara, të prera shumë hollë në feta

Drejtimet:

a) Vendoseni raftin në 1/3 e sipërme të furrës dhe ngroheni paraprakisht në 400o. Gjalpë enë pjekjeje qelqi 13x9x2 in. Vendoseni djathin në një tas mesatar; shtoni ½ filxhan krem. Duke përdorur një pirun, grijeni përzierjen në një pastë të trashë. Përzieni 1 lugë çaji kripë dhe 1/2 lugë çaji piper.

b) Përzieni në 2 filxhanët e mbetur krem. Shkrini gjalpin në një tenxhere të madhe të rëndë mbi nxehtësinë mesatare-të lartë. Shtoni kërpudhat dhe barishtet dhe skuqini derisa kërpudhat të zbuten dhe të ziejnë lëngjet, rreth 8 minuta.

c) Vendosni gjysmën e patateve në fund të pjatës së përgatitur. Lugë ¾ filxhan salcë djathi mbi të në mënyrë të barabartë. Hidhni sipër gjithë përzierjen e kërpudhave, ¾ filxhan salcë djathi, më pas shtoni patatet e mbetura. Spërkateni me salcën e mbetur të djathit.

d) Mbulojeni enën me fletë metalike. E pjekim gratinin për 30 minuta, më pas e zbulojmë dhe e pjekim derisa patatet të zbuten, sipër të marrë ngjyrë kafe të artë dhe salca të trashet, rreth 30 minuta më gjatë.

e) Lëreni të qëndrojë 10 minuta; shërbejeni të nxehtë.

19. Supë hungareze me kërpudha

Përbërësit:

- 1 paund. kërpudha të freskëta të përziera
- 1 lugë gjelle tamari
- 2 gota qepë të grira
- 1 lugë çaji kripë
- 4 lugë gjelle gjalpë
- 2 gota pule, lëng perimesh ose ujë
- 3 luge miell
- $\frac{1}{4}$ filxhan majdanoz të freskët të grirë
- 1 filxhan qumësht
- 2 lugë çaji lëng limoni të freskët
- 1-2 lugë çaji bar kopër Piper i zi i freskët i bluar ose sipas shijes
- 1 lugë paprika hungareze
- $\frac{1}{2}$ filxhan salcë kosi

Drejtimet:

a) Kaurdisni qepët në 2 lugë gjalpë, kriposini pak. Pak minuta më vonë shtoni kërpudhat 1 lugë çaji kopër ½ filxhan lëng (ose ujë), tamarin dhe paprikën. Mbulojeni dhe ziejini për 25 minuta.

b) Shkrini gjalpin e mbetur në një tigan të madh; rrahni miellin, gatuajeni gjatë rrahjes (disa minuta). Shtoni qumësht; vazhdoni të gatuani, duke e përzier shpesh në zjarr të ulët, rreth 10 minuta derisa të trashet.

c) Përzieni përzierjen e kërpudhave dhe lëngun e mbetur. Mbulojeni dhe ziejini për 10-15 minuta, pak para se ta servirni shtoni kripë, piper, lëng limoni, salcë kosi dhe sipas dëshirës edhe kopër shtesë.

d) Shërbejeni të zbukuruar me majdanoz.

20. Kërpudha të mbushura

Përbërësit:

- 1 paund. sallam me shumicë
- 1 paund. kërpudha të freskëta shiitake (madhësia e kafshimit)
- 2 thelpinj hudhre
- ½ qepë e vogël e verdhë, e grirë hollë
- 4 lugë majdanoz të freskët, të grirë hollë
- ½ filxhan thërrime buke të kalitur
- 1 lugë çaji sherebelë e tharë e fërkuar
- ½ lugë çaji sherebelë e tharë
- Kripë dhe piper për shije
- ½ filxhan djathë parmixhano

Drejtimet:

a) Ngroheni furrën në 400o. Hiqni kërcellet nga kërpudhat. Pritini bishtat dhe skuqini në gjalpë me qepë dhe hudhër derisa të zbuten (rreth 4 minuta).
b) Hiqeni nga tigani. Skuqeni sallamin derisa të marrë ngjyrë kafe dhe kullojeni. Vendoseni përzierjen e sallamit dhe kërpudhave në përpunuesin e ushqimit; shtoni përbërësit e mbetur, përveç djathit.
c) Pulsoni derisa përzierja të ketë teksturë të imët, shijoni për të rregulluar erëzat.
d) Mbushni çdo kapak të mbetur të kërpudhave me përzierje salçiçe dhe sipër me djathë. Vendosni kapakët e mbushur në tepsi dhe piqini për 15-20 minuta. derisa kërpudhat të jenë gatuar.
e) Mbushja e sallamit mund të bëhet deri në 2 javë përpara pa kërcellin e kërpudhave dhe të ngrira.

21. Fajitas me kërpudha pule

Përbërësit:

- 8 oz. krem djathi, i zbutur
- ½ paund. kërpudha të freskëta të përziera (Maitake, Shiitake, Oyster...)
- 1 lugë çaji erëza fajita
- 1 lugë gjelle cilantro të copëtuar
- ½ lugë çaji pluhur hudhër
- 4 lugë vaj
- 1 qepë e vogël e kuqe, e prerë hollë
- 1 piper jeshil i prerë në feta hollë
- 1 spec i kuq zile, i prere holle
- ½ lugë çaji kripë
- 2 gjoks pule pa kocka/lëkurë, të prera në rripa
- 4 tortilla me miell 8 inç

Drejtimet:

a) Në një tas të vogël, përzieni së bashku kremin e djathit, erëzat fajita, cilantron dhe hudhrën pluhur; le menjane. Në një tigan të madh mbi nxehtësinë mesatare, ngrohni 1 lugë gjelle vaj; kaurdisni kërpudhat derisa të zbuten dhe lëngu të ketë avulluar, 3-4 minuta. Hidheni në një tas dhe lëreni mënjanë. Në të njëjtën tigan ngrohni 2 lugë vaj në nxehtësi të lartë.

b) Shtoni qepën, specat dhe kripën dhe skuqini derisa të jenë të freskëta (rreth 4 minuta). Vendoseni në një tas me kërpudha. Ngrohni 1 lugë vaj në një tigan dhe shtoni pulën. Gatuani mbi nxehtësi të lartë derisa të bëhet i errët gjatë gjithë kohës, rreth 2 minuta. Hidhni me perime dhe ngrohni.

c) Vendosni tortillat në një pjatë me mikrovalë dhe vendosini në mikrovalë për rreth 15 sekonda në temperaturë të lartë, derisa të ngrohen.

d) Ndani përzierjen e djathit krem në katër pjesë dhe shpërndajeni mbi secilën tortilla. Hidhni me lugë përzierjen e pulës/perimeve mbi krem djathin, rrotullojeni dhe shërbejeni. Bën 4 fajita.

22. Supë e madhe me kërpudha

Drejtimet

- 6 lugë gjalpë pa kripë
- 6 oz. Kërpudha Shiitake, të prera në feta dhe kërcell të prerë
- 1 lugë çaji kripë
- 1 filxhan qepë të verdhë të grirë
- 6 oz. Kërpudha perle, të prera në feta
- 1 ½ lugë çaji hudhër të grirë
- ½ filxhan selino të copëtuar
- 8 oz. Kërpudha të tjera (Maitake, Crimini…)
- 6 c. lëng pule/perime
- ¼ lugë çaji piper kajen (i kuq).
- ½ lugë çaji piper i zi
- 1/3 c. raki
- 2 lugë çaji gjethe të freskëta trumze
- 1 ½ c. Krem i rëndë

Drejtimet:

a) Në një tenxhere të madhe shkrini gjalpin në nxehtësi të lartë. Shtoni qepët, selinon dhe kajen dhe gatuajeni derisa të zbuten, rreth 4 minuta. Shtoni hudhrën, gatuajeni për 30 sekonda.

b) Shtoni kërpudhat, trumzën, kripën/piperin dhe ziejini derisa kërpudhat të fillojnë të marrin ngjyrë kafe, rreth 7 minuta. Shtoni rakinë, lëreni të ziejë dhe gatuajeni derisa të bëhet glazurë, rreth 2 minuta. Shtoni lëngun dhe kthejeni në valë. Ulni nxehtësinë në mesatare dhe ziejini pa mbuluar, duke e përzier herë pas here, për 15 minuta. Hiqeni nga zjarri.

c) Shtoni kremin, kthejeni në zjarr të ngadaltë dhe ziejini për 5 minuta. Hiqeni nga zjarri dhe rregulloni erëzat sipas shijes.

23. Misër dhe Shiitake Fritters

Shërben: 1

Përbërësit

- 3 kallinj misri
- 1 vezë e madhe
- ¼ filxhan qumësht
- 2 oz. Kërpudha Shiitake
- ¼ filxhan qepë të kuqe të prerë hollë
- ¾ filxhan miell për të gjitha përdorimet
- 1 lugë çaji pluhur pjekjeje
- 1 ½ lugë çaji kripë kosher
- ½ lugë çaji piper
- ½ filxhan vaj
- Vaj, për tiganisje

Drejtimet

a) Pritini kokrrat e misrit nga kalliri. Gjysmën e shtoni në një procesor ushqimi dhe gjysmën tjetër e lini mënjanë. Përdorni pjesën e zbehtë të një thike për të gërvishtur tulin nga kallinjtë në blender. Shtoni vezën dhe qumështin, më pas bëni pure derisa të formohet një brumë i qetë.

b) Ngrohni pak vaj në një tigan që nuk ngjit, më pas shtoni kërpudhat shiitake dhe qepën. Skuqini derisa të marrin një ngjyrë kafe të lehtë, më pas shtoni misrin e mbetur dhe skuqeni për një minutë të mëtejshme.

c) Transferoni në një pjatë dhe vendoseni në frigorifer për 5 minuta derisa të mos nxehet më.

d) Në një tas, përzieni miellin për të gjitha përdorimet, pluhurin për pjekje, kripën dhe piperin. Palosni purenë, më pas kokrrat e misrit dhe shiitake nga ngrirja.

e) Pastroni tiganin dhe shtoni $\frac{1}{2}$ filxhan vaj. Kur të nxehet, shtoni tetë lugë brumë dhe përhapeni në një trashësi $\frac{1}{2}$ inç. Skuqini petët derisa të marrin ngjyrë të artë në fund, më pas kthejini dhe skuqini përsëri nga ana tjetër.

f) Kullojini skuqjet në peshqir letre përpara se t'i shërbeni.

24. Rizoto Shiitake-kërpudha

Shërben: 4

Përbërësit :

- 4 gota lëng perimesh
- 1 filxhan oriz arborio/rizoto
- 2 gota kërpudha shiitake, të prera në feta
- 1 lugë gjelle salcë soje
- 1 lugë trumzë e freskët, e copëtuar
- 1 lugë majdanoz i freskët, i grirë
- ¼ filxhan verë të bardhë të thatë (opsionale)
- ½ filxhan qepudhat e prera hollë
- Parmixhano vegan, për t'u shërbyer

Udhëzime :

a) Në një tigan të thellë ose një tenxhere me bazë të gjerë, ngrohni një spërkatje vaji mbi nxehtësinë mesatare. Shtoni qepën, më pas e rregulloni me kripë dhe piper. Skuqeni derisa të marrin ngjyrë, më pas shtoni kërpudhat dhe salcën e sojës. Gatuani derisa kërpudhat shiitake të kenë marrë ngjyrë të artë dhe të karamelizuar.

b) Hiqni një lugë kërpudha nga tigani dhe lërini mënjanë.

c) Shtoni trumzën dhe majdanozin dhe më pas orizin arborio. Lëreni të gatuhet për 1 minutë, duke e përzier që të mos ngjitet orizi. Më pas, shtoni verën e bardhë të thatë dhe gatuajeni derisa të përthithet më së shumti.

d) Shtoni nga një lugë lëng perimesh, duke e përzier shpesh. Kur të përthithet çdo lugë e mbushur, shtoni një tjetër. Vazhdoni derisa orizi arborio të jetë gatuar al dente.

e) Hiqeni nga zjarri dhe përzieni parmixhanin vegan.

f) Ndani mes tasave dhe sipër me kërpudhat e rezervuara të karamelizuara dhe pak majdanoz shtesë. Shërbejeni.

25. Kërpudha Shiitake e pjekur

Shërben: 4

Përbërësit

- 4 oz. kërpudhat shiitake, kërcelli i hequr dhe kapelet e prera në feta
- 12 oz. shparg, të prerë
- 1 luge vaj ulliri
- Kripë dhe piper, për shije
- 1 ½ lugë salcë soje
- ½ lugë rozmarinë e tharë

Udhëzime :

a) Ngroheni furrën në 425°F.

b) Shtoni të gjithë përbërësit në një enë rezistente ndaj furrës ose në një fletë pjekjeje të shtruar, duke i hedhur perimet me vaj dhe erëza.

c) Piqni për 10 minuta derisa kërpudhat të jenë të buta dhe shpargujt të jenë të freskët dhe të butë.

d) Shërbejeni me një dip.

26. Sallatë e ngrohtë Shiitake-Elb

Shërben: 4

Përbërësit :

- ¾ filxhan elb perla
- ¼ paund. kërpudhat shiitake, kërcelli i hequr dhe kapelet e prera në feta
- 1 qepe, e prerë imët
- 1 qepë e kuqe, e përgjysmuar
- 4 thelpinj hudhre, te grira
- Kripë dhe piper, për shije
- 4 lugë glazurë balsamik
- 1 lugë shurup panje ose mjaltë
- 1 kokë e madhe marule, e grirë
- ¼ filxhan majdanoz, i grirë
- ¼ filxhan degë kopër, të copëtuara

Udhëzime :

a) Shtoni elbin, qepën e kuqe, hudhrën dhe kripën në një tenxhere. Mbulojeni me ujë përafërsisht 2 inç, më pas ziejini derisa kokrrat të zbuten dhe uji të përthithet - afërsisht 40 minuta.

b) Kur elbi të ketë rreth 10 minuta kohë, bëni kërpudhat krokante. Ngrohni pak vaj në një tigan dhe shtoni kërpudhat, duke i skuqur derisa të marrin ngjyrë të artë për rreth 10 minuta. I kalojmë në një pjatë me letër kuzhine që të kullojë dhe më pas i spërkasim me kripë dhe piper.

c) Në të njëjtën tigan, shtoni qepën dhe gatuajeni derisa të marrë ngjyrë të artë. Hiqeni tiganin nga zjarri, më pas përzieni me shurupin e balsamit dhe panjës.

d) Shtoni gjethet e marules në një pjatë ose tas sallate. Shtoni elbin dhe salcën balsamike duke i hedhur mirë. Hidhni sipër kërpudhat, majdanozin dhe koprën.

e) Mund të shërbehet e ngrohtë ose e ftohtë.

27. Shiitake me susam krokante dhe të përtypur

Shërben: 2

Përbërësit :

- 1 filxhan oriz të bardhë
- 2 gota shiitake të thata
- ¼ filxhan niseshte misri, plus shtesë
- vaj susami
- ¼ filxhan salcë soje
- 2 lugë sheqer kaf
- 2 lugë gjelle uthull vere orizi
- 2 thelpinj hudhre, te grira
- 1 copë xhenxhefil me madhësi të gishtit të madh, të grirë
- 2 lugë çaji salcë të nxehtë
- 2 qepë të vogla, të prera në feta
- 2 lugë çaji fara susami

Udhëzime :

a) Shtoni kërpudhat në një tas dhe mbulojini me ujë të valë. Ziejeni për 40 minuta derisa të zbutet, më pas kullojeni. Përdorni një leckë për të shtrydhur ujin e tepërt nga kërpudhat, duke pasur kujdes që të mos i shtypni. Më pas, priteni në feta të trasha dhe hidhni niseshte misri.

b) Shpëlajeni orizin derisa uji të jetë i pastër. Kjo heq niseshtenë dhe duhet ta bëjë orizin ngjitës. Gatuani sipas udhëzimeve të paketimit dhe më pas lëreni të thahet me avull.

c) Ngrohni një spërkatje vaj susami në një wok ose tigan mbi nxehtësinë mesatare-të lartë. Kur vezullojnë, shtoni kërpudhat dhe skuqini derisa të marrin ngjyrë kafe të artë dhe të mos mbetet niseshte misri.

d) Ndërkohë, bashkoni në një tas salcën e sojës, sheqerin kaf, uthullën e orizit, hudhrën, salcën e nxehtë dhe xhenxhefilin. Përziejini së bashku, më pas shtoni në një tenxhere të vogël dhe gatuajeni derisa të trashet.

e) Shtoni kërpudhat në salcë dhe hidhini të lyhen.

f) Ndani orizin mes tasave, duke i hedhur sipër kërpudhat. Shtoni farat e susamit dhe qepët e pranverës dhe më pas shërbejini.

28. Kungull Acorn & kërpudha të egra

Rendimenti: 2 porcione

Përbërësit

- 1 kungull lisi; të përgjysmuar dhe të farësuar
- ½ filxhan Kastrati ose rrush pa fara të thata
- ¼ filxhan ujë të nxehtë
- 4 lugë Gjalpë
- 4 ons' Kërpudha të egra të freskëta (si shiitake); me rrjedh dhe të copëtuar
- ¼ filxhan qepë të copëtuar
- 1 lugë çaji sherebelë e tharë
- 1 filxhan thërrime buke gruri integral

Drejtimet

a) Ngrohni furrën në 425#161#F. Vendosni kungujt me anën e prerë poshtë në një enë pjekjeje qelqi 8x8x2 inç. Mbulojeni enën fort me mbështjellës plastik. Vendoseni në mikrovalë në temperaturë të lartë për 10 minuta. Shponi plastikën që avulli të dalë.

b) Zbuloni dhe ktheni gjysmat e kungujve me anën e prerë lart. I rregullojmë kavitetet me kripë dhe piper. Kombinoni boronicat e thata dhe ujin e nxehtë në një tas të vogël. Shkrini 3 lugë gjalpë në një tigan të rëndë mesatar mbi nxehtësinë mesatare. Shtoni kërpudhat, qepën dhe sherebelën

c) Skuqini derisa të fillojë të zbutet, rreth 5 minuta. Shtoni thërrimet e bukës dhe përzieni derisa thërrimet të marrin një ngjyrë kafe të lehtë, rreth 3 minuta.

d) Përziejini boronicat me lëngun e njomjes. I rregullojmë sipas shijes me kripë dhe piper. Mbushje e tumës në gjysma të kungujve. Njohim me gjalpin e mbetur.

Piqni derisa të nxehet dhe të skuqet sipër, rreth 10 minuta.

29. lazanja me kërpudha të egra dhe ekzotike

Rendimenti: 9 racione

Përbërësit

- 2 luge vaj ulliri
- 1 qepë e madhe; i grirë
- 2-ons prosciutto di Parma; i grirë imët
- 2 lugë qepe të grira
- 2 lugë hudhër të grirë
- ½ filxhan majdanoz të grirë hollë
- 1 kile kërpudha të ndryshme të egra dhe ekzotike
- 2 lugë borzilok të grirë
- 1 lugë gjelle rigon i freskët i grirë
- ⅔ filxhan verë të bardhë të thatë
- 1½ paund domate të grimcuara të konservuara; deri në 2 paund
- 2 gota djathë rikota të freskët
- 1 vezë

- 2 gota djathë të grirë Parmigiano-Reggiano
- ½ filxhan djathë mocarela e grirë
- 1 kripë; për shije
- 1 piper i zi i sapo bluar
- 1 kile fletë makaronash të freskëta të prera në lazanja; trep, i zbardhur,
- ½ filxhan krem i trashë
- ¼ filxhan qumësht
- 8 gjethe borziloku të thata

Drejtimet

a) Ngroheni furrën në 350 gradë. Lyejeni pak me vaj një enë pjekjeje drejtkëndëshe 13 me 9 inç. Në një tigan të madh, ngrohni vajin e ullirit.

b) Kur vaji të jetë i nxehtë, kaurdisni qepët dhe proshutën për rreth 4 minuta ose derisa qepët të jenë tharë dhe karamelizuar pak.

c) Përzieni ½ filxhan majdanoz, qepe dhe kërpudha. Skuqini për 10 minuta ose derisa kërpudhat të marrin ngjyrë kafe të artë. I rregullojmë me kripë dhe piper.

d) Hidhni hudhrën, borzilokun dhe rigonin. Kullojeni përzierjen e kërpudhave dhe rezervoni lëngun. Vendoseni lëngun përsëri në tigan dhe zvogëloni derisa lëngu të formojë një lustër, rreth 5 minuta. Duke kruar herë pas here anët për të liruar ndonjë grimcë.

e) Shtoni verën dhe ndiqni të njëjtin proces. Shtoni domatet dhe vazhdoni të gatuani për 10 minuta.

f) I rregullojmë me kripë dhe piper. Shtoni përzierjen e kërpudhave në salcë.

g) Në një tas, kombinoni djathin Ricotta, vezën, majdanozin e mbetur, ½ filxhan djathë Parmigiano-Reggiano të grirë dhe djathin Mozzarella.

h) I rregullojmë me kripë dhe piper. Për ta mbledhur, hidhni një sasi të vogël salce me lugë në fund të enës së pjekjes.

Spërkateni me djathë parmixhano. Sipër salcës vendosni një shtresë me makarona. Përhapeni djathin mbi makaronat.

i) Përzieni kremin me çdo djathë të mbetur.

j) I rregullojmë me kripë dhe piper. Hidhni sipër lazanjave. Mbuloni lazanjat. Piqni për 30 minuta të mbuluara dhe 10 deri në 15 minuta pa mbuluar, ose derisa lazanja të marrë ngjyrë kafe të artë dhe të ngrihet.

k) Hiqni lazanjat nga furra dhe lërini të pushojnë për 10 minuta përpara se t'i prisni në feta. Vendosni një pjesë të lazanjës në qendër të pjatës. Dekoroni me djathë të grirë dhe gjethe borziloku të skuqur.

30. BQ duck & kërpudha të egra quesadilla

Rendimenti: 4 porcione

Përbërësit

- ½ filxhan këmbët e rosës të pjekura në skarë; mishi i hequr kockën nga 2 këmbët e rosës pa lëkurë
- 1 filxhan salcë bbq New Mexico
- ½ filxhan lëng pule
- ½ filxhan Tapa kërpudhash shiitake të pjekura në skarë, të pjekura në skarë
- 3 tortilla me miell (6 inç).
- ¼ filxhan krik Monterey i grirë
- ¼ filxhan çedër të bardhë të grirë
- Kripë dhe piper i sapo bluar
- ½ filxhan salsa me mango pikante

Drejtimet

a) Vendosni këmbët në një tavë dhe lyeni me salcë. Hidh stokun rreth këmbëve. Mbulojeni dhe piqni për 3 orë në 300 gradë, duke e lyer me salcë BBQ çdo 30 minuta. Lëreni të ftohet dhe hiqni mishin e rosës.

b) Përgatitni një zjarr me dru ose qymyr dhe lëreni të digjet deri në prush.

c) Vendosni 2 tortilla në një sipërfaqe pune. Përhapeni gjysmën e djathrave, rosës dhe kërpudhave në secilën prej tyre dhe rregullojini sipas shijes me kripë dhe piper. Vendosini 2 shtresat, mbulojini me tortillan e mbetur, lyejeni me 1 lugë gjelle vaj dhe spërkatni në mënyrë të barabartë me pluhur chili. Mund të përgatitet përpara deri në këtë pikë dhe të ruhet në frigorifer. Grijini për 3 minuta nga secila anë, ose derisa tortillat të jenë pak të freskëta dhe djathi të jetë shkrirë.

d) Pritini në katërsh dhe shërbejeni të nxehtë, të zbukuruar me salsa.

31. Rrotulla buke të mbushura me kërpudha të egra

Rendimenti: 4 porcione

Përbërësit

- 4 Roleta buke të rrumbullakëta, me cilësi të mirë
- 2 thelpinj hudhre te medha, te qeruara dhe te pergjysmuara
- 50 mililitra (2 oz.) vaj ulliri
- 200 gram (7 oz.) kërpudha të egra
- 25 gram (1 oz.) gjalpë pa kripë
- 50 mililitra (2 oz.) ujë të përzier me 1 1/2 lugë çaji lëng limoni
- Kripë dhe piper i zi i sapo bluar
- 1 lugë çaji kervile e freskët, e copëtuar [barishte nga familja e karotës]
- Disa gjethe tarragon, zbardhen në ujë të vluar për disa sekonda, dhe më pas priten
- 1 lugë çaji majdanoz i freskët i grirë
- 50 mililitra (2 oz.) krem pana, i rrahur

Drejtimet

a) Ngrohni furrën në 180'C / 350'F / gaz 4. Merrni çdo rrotull buke dhe priteni nga sipër rreth një të tretën e rrugës poshtë. Hiqni brendësinë e butë. Fërkoni pjesën e brendshme të zgavrës dhe pjesën e sipërme të brendshme të "kapakut" me hudhër, më pas lyeni me furçë vajin e ullirit mbi të njëjtat sipërfaqe. Vendoseni në furrën e parangrohur që të thahet dhe të skuqet për 10 minuta.

b) Kaurdisni kërpudhat e egra në gjalpë për 1 minutë. Shtoni ujin dhe lëngun e limonit dhe ziejini edhe për një minutë me kecin. Shijoni dhe rregulloni me kripë dhe piper, pastaj rezervoni. Shtoni barishtet e copëtuara në kremin e rrahur, më pas shijoni dhe rregulloni me kripë dhe piper.

c) Pak para se ta shërbeni, rrihni kremin e rrahur në kërpudha dhe lëngjet e tyre. Ndani kërpudhat midis gropave në secilën rrotull buke dhe hidhni salcën me lugë dhe përreth. Spërkateni me "kapakët" dhe shërbejeni.

32. Halibut me kërpudha të egra dhe spinaq

Rendimenti: 4 racione

Përbërësit

- ¼ filxhan lëng gëlqereje të freskët
- 1 lugë gjelle salcë soje me natrium të ulët
- 2 thelpinj hudhër; i grirë
- 2 lugë çaji vaj kikiriku
- 2 lugë çaji lëng pule
- 1 lugë çaji qepë jeshile; i grirë
- ¼ lugë çaji thekon piper të kuq
- 4 Fileto Halibut; rreth 5 oz. secila, 1" e trashë
- 1 filxhan Kërpudha të egra sipas dëshirës tuaj të prerë në copa
- 2 lugë lëng pule
- 1 lugë qepe; i grirë
- 2 thelpinj hudhër; i grirë
- 2 tufa spinaq; pastruar dhe prerë
- Piper

Drejtimet

a) Kombinoni 7 përbërësit e parë të shojzës në një tas të vogël. Vendos halibut në një enë pjekjeje. Hidhni marinadën mbi shojzë e kuqe dhe vendoseni në frigorifer për 1 orë. Sillni lëngun, qepën dhe hudhrën të ziejnë në një tigan të madh të rëndë mbi nxehtësinë e lartë. Shtoni spinaqin; mbulojeni dhe gatuajeni derisa spinaqi të thahet, rreth 2 minuta. Hiqeni nga zjarri. I rregullojmë me kripë dhe piper. Mbulojeni dhe mbajeni të ngrohtë.

b) Ndërkohë, ngroh paraprakisht broilerin. Transferoni halibut në tiganin e pulave; marinadë rezervë. Ziejeni halibut derisa të bëhet i errët sipër, rreth 3 minuta.

c) Kthejeni shojzën nga ana tjetër dhe shtoni kërpudhat në tiganin e pulave. Vazhdoni zierjen derisa shojza e kërpudhave të jetë gatuar dhe kërpudhat të jenë të buta, rreth 3 minuta.

d) Sillni marinadën e rezervuar të ziejë në një tenxhere të vogël të rëndë. Kullojeni spinaqin nëse është e nevojshme dhe ndajeni në 4 pjata. Sipër me shojzë e kuqe.

e) Hidhni sipër marinadën, zbukurojeni me kërpudha dhe shërbejeni.

33. Krem me kërpudha dhe oriz të egër

Rendimenti: 1 porcione

Përbërësit

- 7 lugë gjalpë (të ndarë); (7/8 shkopinj)
- 4 lugë miell për të gjitha përdorimet
- 1 filxhan qumësht të nxehtë; (i skremuar ose 2%)
- 2 gota lëng perimesh; (i ndarë)
- ½ filxhan qepë të prerë në feta; (i ndarë)
- ½ lugë çaji paprika
- ½ lugë çaji arrëmyshk i bluar; (rreth) (i ndarë)
- 3 gota kërpudha të prera në feta; (i ndarë) (i prerë hollë)
- 1 gjethe dafine
- ¼ filxhan selino të copëtuar
- 4 karafil të tërë
- 1 filxhan oriz të egër të gatuar të nxehtë; (ndiq udhëzimet e paketës)
- 1 lugë majdanoz i grirë
- ¼ filxhan verë e bardhë e thatë

- Kripë dhe piper; për shije

Drejtimet

a) Shkrini 4 lugë gjalpë në një tenxhere të madhe në zjarr të ulët. Shtoni miellin dhe gatuajeni për 3 minuta duke e përzier vazhdimisht. Përzieni ngadalë qumështin e nxehtë dhe 1 filxhan lëng. Gatuani salcën në zjarr të ulët, duke e përzier vazhdimisht me një lugë druri, derisa të jetë homogjene, rreth 15 minuta. Në një tenxhere tjetër shkrini 1 lugë gjelle gjalpë të mbetur. Shtoni $\frac{1}{4}$ filxhan qepë, paprikën dhe $\frac{1}{8}$ lugë çaji arrëmyshk dhe ziejini për 2 minuta. Shtoni në përzierjen e parë dhe përzieni që të bashkohen.

b) Në të njëjtin tigan, kaurdisni 2 filxhanë kërpudha të prera në feta në 2 lugët e mbetura gjalpë. Shtoni gjethen e dafinës, $\frac{1}{4}$ filxhani qepë të prerë në feta, selinon e copëtuar, karafilin dhe 1 filxhan lëngun e mbetur. Mbulojeni dhe ziejini në zjarr mesatar për 10 minuta.

c) Përzieni përzierjen në një blender ose procesor ushqimi derisa të jetë e qetë, rreth 1 minutë.

d) Kullojeni përzierjen e kërpudhave/selinos në një sitë të imët dhe përzierjen e miellit/qumështit në një kullesë. Hidhni copat e perimeve.

e) Kthejini të dyja përzierjet në një tenxhere të madhe dhe përziejini. Gatuani për 5 minuta në zjarr të ulët, duke e përzier derisa masa të jetë e qetë.

f) Përzieni orizin, 1 filxhan të mbetur kërpudha të prera në feta, majdanozin dhe verën. Nëse dëshironi, shtoni kripë dhe piper. Hiqni gjethen e dafinës, spërkatni me arrëmyshk të rezervuar nëse dëshironi dhe shërbejeni. Bën 6 deri në 7 racione.

34. Supë pule, kërpudha dhe topa matzo

Rendimenti: 1 porcione

Përbërësit

- 1 lugë gjelle vaj vegjetal
- 1 pulë 3 kile; prerë në copa
- 2 qepë të mëdha; prerë në copa 1 inç
- 12 gota ujë
- 3 bishta selino; prerë në copa 1 inç
- 3 degë majdanoz të freskët
- 2 gjethe dafine
- 1 ons kërpudha të thata shiitake
- 2 gota ujë të nxehtë
- ⅓ filxhan yndyrë pule; (e rezervuar nga stoku ose e blerë)
- 4 vezë të mëdha
- 2 lugë Qepujkë të freskët të grirë
- 1½ lugë gjelle tarragon i freskët i grirë ose 1 1/2 lugë çaji të tharë; i shkërmoqur
- 1½ lugë çaji kripë

- ¼ lugë çaji Piper
- 1 filxhan vakt matzo pa kripë
- 3 ½ litra ujë; (14 gota)
- 1 lugë çaji tarragon i freskët i grirë ose 1/4 lugë çaji të tharë të thërrmuar
- Qiqra të freskët të grirë
- 8 servirje

Drejtimet

a) Për supë: Ngrohni vajin në një tenxhere të madhe të rëndë mbi nxehtësinë mesatare-të lartë. Shtoni pulën dhe qepët dhe ziejini derisa të marrin ngjyrë kafe, duke e përzier shpesh, rreth 15 minuta. Shtoni 12 gota ujë, selino, majdanoz dhe gjethe dafine. Lëreni të vlojë, sipërfaqja e skremuar. Ulni nxehtësinë dhe ziejini butësisht derisa të reduktohen në 8 gota, rreth 5 orë. Kullojeni në një tas. Mbulojeni dhe vendoseni në frigorifer derisa yndyra të ngurtësohet sipër.

b) Hiqni yndyrën nga supa dhe rezervoni yndyrën për topat matzo.

c) Për Topat Matzo: Vendosni kërpudhat shiitake në një tas të vogël. Hidhni mbi 2 gota ujë të nxehtë. Lëreni të ziejë derisa të zbutet, rreth 30 minuta.

d) Shkrini ⅓ filxhan yndyrë pule dhe ftoheni. Kombinoni yndyrën e shkrirë të pulës, ¼ filxhan lëng njomëse shiitake (mbetja e rezervës), vezët, 2 lugë qiqra, 1½ lugë gjelle tarragon, 1½ lugë çaji kripë dhe ¼ lugë çaji piper në një tas mesatar dhe rrihni që të përzihet. Përzieni në vaktin matzo. Mbulojeni dhe vendoseni në frigorifer për 3 orë. (Mund të përgatitet 1 ditë përpara. Mbulojini kërpudhat në lëng për njomje dhe vendosini në frigorifer.)

e) Matni 3 ½ litër ujë në një tenxhere të madhe. Kriposeni me bollëk dhe lëreni të ziejë. Me duar të lagura, formoni përzierjen e miellit të ftohtë të matzo-s në topa 1 inç dhe shtoni në ujë të vluar. Mbulojeni dhe ziejini derisa topat matzo të jenë gatuar dhe të zbutur, rreth 40 minuta. (Për të provuar gatishmërinë, hiqni 1 top matzo dhe priteni.) Transferoni topat e matzo-s në një pjatë, duke përdorur një lugë të prerë.

f) Kulloni kërpudhat, duke rezervuar lëngun. Pritini kërpudhat në feta të holla, duke i hedhur kërcellet. Kombinoni lëngun e mbetur të njomjes së kërpudhave, kërpudhat, supën e pulës dhe 1 lugë çaji tarragon të freskët në një tenxhere të madhe të rëndë dhe lërini të ziejnë.

g) I rregullojmë sipas shijes me kripë dhe piper. Shtoni topa matzo dhe ziejini derisa të nxehen. supë me lugë në tasa. E zbukurojmë me qiqra dhe e shërbejmë.

35. Kërpudha e përzier banh mi

Bën 2

Përbërësit

- 100 g kërpudha shiitake
- 50 g kërpudha enoki
- 50 gr kërpudha gocë deti
- 2 lugë vaj susami
- 1 lugë gjelle limoni, e prerë
- 1 lugë çaji djegës i kuq, i grirë
- ½ lugë çaji kripë
- 1 lugë çaji salcë soje
- 2 bagueta
- 1 lugë gjelle gjalpë kikiriku
- 8 feta kastravec
- 6 degë koriandër, të prera
- 1 lugë çaji fara susami, të thekura

Drejtimet

a) Pritini kërpudhat shiitake dhe gocë deti, më pas prisni rrënjët nga kërpudhat enoki.

b) Në një tigan ose wok, ngrohni vajin në një zjarr mesatar të lartë, shtoni limonin dhe specin djegës dhe më pas hidheni për disa minuta derisa limona të marrë pak ngjyrë kafe dhe aromatik. Shtoni të gjitha kërpudhat dhe përziejini mirë, më pas spërkatni me kripë. Shtoni salcën e sojës dhe rregullojeni sipas shijes.

c) Për të montuar banh mi, ndani bagutet për së gjati dhe hiqni pak nga mbushja e brumit brenda bukës. Mbyllni përsëri, theksoni bukën lehtë nën një skarë ose në furrë, në mënyrë që brenda të jetë e ngrohtë dhe e jashtme të jetë krokante.

d) Lyeni bukën me gjalpë kikiriku dhe më pas shpërndani kërpudhat në mënyrë të barabartë mbi bagutet. Sipër i radhisim fetat e kastravecit, më pas e presim korianderin dhe e shpërndajmë sipër. I spërkasim me farat e susamit, më pas i largojmë butësisht të gjithë përbërësit nga buza me një thikë të vogël, mbyllim dhe i hamë.

36. Shiitake i mbushur

Shërben 4

Përbërësit

- 12 shiitake të mesme, të pastruara, bishtat e hedhura
- Miell i thjeshtë, për pluhurosje
- 300 gr mish pule
- 150 gr karkaleca të grirë
- 3 qepë të grira hollë
- 1 lugë çaji rrënjë xhenxhefil, e prerë imët
- 1 lugë gjelle sake (verë orizi)
- 1 lugë gjelle salcë soje
- Vaj ulliri, për tiganisje
- Kripë

Për salcën

- 4 lugë salcë soje
- 2 lugë mirin (verë orizi i ëmbëlsuar)
- 1 lugë gjelle sheqer pluhur
- 1 lugë gjelle sake

Drejtimet:

a) Plurosni pjesën e brendshme të shiitake me miell. Përzieni pulën, karkalecat, qepën, xhenxhefilin, sake, salcën e sojës dhe pak kripë, më pas përdoreni për të mbushur zgavrën e secilës kërpudha.

b) Skuqini butësisht për 5 minuta nga secila anë në pak vaj ulliri, të mbuluar. Zbuloni dhe shtoni përbërësit për salcën. Lërini të ngrohen dhe të avullojnë pak.

c) Shërbejini tre për person, me pak salcë në secilën prej tyre.

KËRPUDHA ENOKI

37.   Enoki Mushrooms Stir Fry

Shërben: 2

Përbërësit

- 2x fole petë orizi
- 2 lugë çaji mirin
- 1 lugë gjelle vaj susami
- 1 karotë e madhe, e qëruar në rripa të hollë
- 1 spec i kuq zile, i grirë hollë
- 1 x kanaçe (7oz) fidane bambuje
- 1 spec djegës i kuq, i prerë imët dhe i hequr farat
- 6 qepë të njoma, të prera hollë
- 2 thelpinj hudhre, te grira
- 1 copë e vogël xhenxhefil, e qëruar dhe e grirë
- 2 lugë gjelle uthull orizi
- 1 luge sheqer
- 1 lugë çaji thekon djegës
- 2 lugë salcë soje
- 1 tufë kërpudha enoki
- 2 vezë të mëdha
- 2 lugë çaji fara susami

Drejtimet

a) Shtoni karrotën e qëruar në një tas dhe mbulojeni me 1 lugë gjelle uthull orizi, të gjithë sheqerin dhe specat djegës. Përdorni duar të pastra për të grirë uthullën në karotë. Lëreni mënjanë për të bërë një turshi të shpejtë.

b) Gatuani foletë e petëve të orizit sipas udhëzimeve të paketimit, më pas kullojini dhe lërini të thahen me avull në një kullesë.

c) Nxehni një wok (ose një tigan nëse nuk e keni) në zjarr mesatar-të lartë dhe shtoni vajin e susamit. Rrotulloni wok-un për të veshur pjesën e poshtme dhe anash. Kur të nxehet, shtoni specin zile, kërcellin e bambusë dhe karotën turshi. Ziejini perimet për rreth 4 minuta, duke i përzier vazhdimisht, derisa perimet të zbuten.

d) Shtoni kërpudhat enoki, hudhrën dhe xhenxhefilin dhe ziejini për një minutë të mëtejshme derisa hudhra të marrë aromë. Shtoni petët, më pas hidhni pjesën tjetër të uthullës së orizit dhe të gjithë salcën e sojës. Ulni zjarrin në minimum dhe hidheni.

e) Ndërkohë, ngrohni pak vaj gatimi të butë në një tigan të madh që nuk ngjit dhe skuqni dy vezët. Kur të keni përfunduar në strukturën tuaj të dëshiruar, ndajeni skuqjen e petës midis tasave dhe sipër me një vezë secilin.

f) Spërkateni sipër me qepët e njoma dhe farat e susamit të prera në feta dhe shërbejeni. Nëse dëshironi, mund të shtoni edhe një shtrydhje me lëng lime.

38. Kërpudha Enoki e skuqur

Shërben: 4

Përbërësit

- 8 oz kërpudha enoki
- 2 lugë vaj susami
- 1 lugë gjelle salcë soje
- 2 thelpinj hudhre, te grira holle
- 4 qepë të njoma, pjesa e bardhë e hequr dhe majat e gjelbra të prera imët

Drejtimet

a) Hiqni skajin e poshtëm të kërcellit të enoki. I shpëlajmë dhe i thajmë me letër kuzhine.
b) Ngrohni vajin e susamit në nxehtësi mesatare-të lartë në një tigan wok ose saut. Shtoni kërpudhat kur vaji të jetë shumë i nxehtë dhe skuqini për rreth 1-2 minuta. Vazhdoni t'i hidhni në ajër çdo 10-20 sekonda për t'i kthyer dhe gatuar nga të gjitha anët.
c) Ulni zjarrin, shtoni hudhrën dhe gatuajeni edhe për 30 sekonda.
d) Shtoni salcën e sojës dhe hiqeni tiganin nga zjarri. Shërbejeni menjëherë dhe

sipër me qepën e gjelbër të prerë në feta.

39. Supë me kërpudha Enoki

Shërben: 2

Përbërësit

- ½ paund. kërpudha enoki, rrënjët e hequra
- 3 thelpinj hudhre, te grira
- 2 lugë ketchup
- 2 lugë miso
- 1 spec djegës Thai, i prerë imët
- 1 lugë gjelle vaj susami
- ½ filxhan supë perimesh
- Tufë cilantro e freskët, e prerë përafërsisht

Drejtimet

a) Fillimisht, ngrohni vajin e susamit në një tenxhere mbi nxehtësinë mesatare në të lartë. Shtoni hudhrën e grirë dhe skuqeni butësisht derisa të ketë aromë; kini kujdes që të mos e djegni.

b) Përzieni ketchup-in derisa vaji në fund të fillojë të skuqet. Më pas, hidhni lëngun e perimeve. Shtoni pastën miso të kuqe dhe përzieni për t'u kombinuar.

c) I spërkasim kërpudhat enoki dhe i kaurdisim për 1-2 minuta derisa të zbuten.

d) Përdorni një lugë për ta ndarë supën në enë. Sipër hidhni cilantro dhe disa copa djegës. Sipas dëshirës, shtoni një rigon tjetër vaj susami.

40.　　Enoki Mushroom Masala

Shërben: 4

Përbërësit

- 1 lb kërpudha enoki (afërsisht 4 grupe)
- 1 piper jeshil i prerë në kubikë
- 1 qepë e madhe, e prerë në kubikë
- 4 thelpinj hudhre, te grira
- Copë 1 inç xhenxhefil, e grirë
- 1 djegës djegës, i prerë imët
- 1 kanaçe domate të grira
- 1 lugë çaji sheqer
- 1 lugë gjelle gjalpë ose ghee
- Koriandër i freskët, i copëtuar përafërsisht

Për pluhurin e kerit

- 1 lugë çaji fara qimnoni
- 1 lugë çaji fara koriandër
- 3 bishtaja kardamom
- Shkop kanelle 1 inç
- ½ lugë çaji kokrra piper të zi
- 1 lugë çaji djegës pluhur i bluar
- 1 lugë çaji shafran i Indisë i bluar

Drejtimet

a) Për të bërë pluhurin e kerit, shtoni farat e qimnonit, farat e koriandrit, bishtajat e kardamonit, shkopin e kanellës dhe kokrrat e piperit në një tigan të thatë mbi nxehtësinë mesatare. Bëjini pak të thekur derisa të marrin aromë, por mos i lini të digjen, përndryshe do të bëhen të hidhura. Kur të ketë aromë, transferojeni në një përpunues ushqimi ose shtypës dhe llaç dhe shtypeni në një pluhur të imët. Më pas, përzieni djegësin dhe shafranin e Indisë.

b) Përgatitni çdo oriz që përdorni sipas udhëzimeve të paketimit.

c) Nxehni një tigan me fund të sheshtë mbi nxehtësinë mesatare, duke shtuar gjalpin ose ghee. Kur të shkrihet, shtoni qepën e prerë në kubikë. Gatuani derisa të zbuten dhe të kenë aromë, mundësisht me pak kripë. Më pas, shtoni hudhrën, xhenxhefilin dhe specat dhe më pas skuqini për një minutë tjetër.

d) Hidhni pluhurin e erëzave dhe skuqeni për një minutë tjetër. Shtoni pak ujë nëse ngjitet në fund.

e) Shtoni kanaçen me domatet e grira, më pas mbushni kanaçen përgjysmë me ujë dhe shtoni në tigan. Përzieni sheqerin dhe kërpudhat, më pas lërini të ziejnë, zvogëloni në zjarr të ngadaltë dhe gatuajeni për tridhjetë minuta ose derisa salca të jetë trashur.

f) Shërbejeni sipër orizit, duke i mbushur kerri me koriandër të freskët.

41. Kërpudha Enoki me Tofu

Shërben: 3

Përbërësit

- 17oz (500g) bllok tofu të fortë, të shtypur
- 5 oz. kërpudha enoki
- 2 qepë, të prera në feta, të bardha dhe jeshile të ndara
- ¼ filxhan salcë soje
- 1 lugë gjelle mirin
- 2 lugë gjelle uthull orizi
- 2 lugë vaj susami
- 1 ½ lugë gjelle gochujang
- 2 thelpinj hudhre, te grira
- 1 luge sheqer
- 1 ½ filxhan oriz të gatuar
- 1 lugë fara susami

Drejtimet

a) Në një tas, bashkoni pjesët e bardha të qepës së bashku me salcën e sojës, mirin, vajin e susamit, uthullën e orizit, gochujang, hudhrën dhe sheqerin. Hidhni edhe $\frac{1}{2}$ filxhan ujë dhe përzieni mirë derisa pasta gochujang të tretet.

b) Pritini tofu-në në copa të trasha $\frac{1}{2}$ inç. Sheshet ose drejtkëndëshat funksionojnë të dy.

c) Nxehni një tigan me fund të rëndë dhe jo ngjitës me anët e thella mbi nxehtësinë mesatare dhe mbulojeni pjesën e poshtme me vaj vegjetal. Kur të nxehet, shtoni tofu. Skuqini copat e tofu-s për rreth 5 minuta në secilën anë derisa të marrin ngjyrë kafe të artë. Ju mund të keni nevojë të punoni në grupe.

d) Shtoni kërpudhat enoki në tigan. Mbajeni nxehtësinë në mesatare dhe hidhni salcën. Kur të vlojë, zvogëloni zjarrin.

e) Përdorni një lugë për të vazhduar të hidhni salcën mbi tofu. E gatuajmë edhe për 5 minuta të tjera që të thithë salca dhe derisa kërpudhat të jenë gatuar.

f) Shërbejeni sipër orizin dhe sipër i hidhni pjesët e gjelbra të qepës dhe farat e susamit. Për një goditje shtesë, shtoni pak kimchi të bërë në shtëpi.

42. Supë Enoki

Rendimenti: 4 porcione

Përbërës

- 4 gota Bouillon viçi me pak natrium
- 1 karotë e vogël, e prerë në feta hollë
- 1 kërcell i brendshëm i selinos,
- Të copëtuara
- ½ leje e vogël e Gjirit
- 1 lugë çaji mente të thatë
- 1 lugë gjelle Sheqer
- 2 gota vere te kuqe
- 1 litër luleshtrydhe shumë të pjekura
- I zhveshur
- 16 kërpudha Enoki, të prera dhe të lara

Drejtimet:

a) Në një tenxhere, bashkoni shtatë përbërësit e parë. Lëreni të vlojë dhe ziejini pjesërisht të mbuluara për 20 minuta. Ftoheni dhe kullojeni lëngun, duke hedhur poshtë perimet. Në një përpunues ushqimi, kombinoni luleshtrydhet dhe një filxhan lëng. Pure.

b) Përzieni purenë me lëngun e mbetur. Ftoheni dy orë. Ngrini katër kërpudha në çdo tas.

43. Supë peshku me kërpudha enoki

Rendimenti: 10 racione

Përbërës

- 4 paund Kokat dhe kockat e peshkut të bardhë
- Të tilla si taban; ngec, snapper, ose bas
- 1 qepë mesatare; prerë në copa
- ½ kopër koke; prerë në copa
- 2 karota; prerë në copa
- 2 bishta selino; prerë në copa
- 2 lugë gjalpë pa kripë
- 10 kërcell limoni të freskët
- 1 filxhan Sake
- 1 copë xhenxhefil - (1"); i qëruar, i prerë në feta
- Në mënyrë të hollë
- 5 degë majdanoz me gjethe të sheshta
- 5 degëza cilantro e freskët

- Gjethe ekstra cilantro; për zbukurim
- 10 kokrra të plota piper të zi
- 1¾ paund këmbë mbret-gaforre; predha të hequra,
- Pritini në copa 1/2".
- 7 ons kërpudha Enoki;
- Përfshirë kapakët
- Kripë; për shije

Drejtimet:

a) Vendosni qepën, kopër, karotat dhe selinon në një përpunues ushqimi; pulsoni deri në masën mesatare. Mbi nxehtësinë mesatare, shkrini gjalpin në një tenxhere prej 12 litrash. Shtoni perimet e përpunuara dhe gatuajini, duke i përzier herë pas here, derisa të zbuten, për 8 deri në 10 minuta.

b) Pritini 6 kërcell limoni përgjysmë për së gjati; le menjane. Hiqni dhe hidhni shtresat e jashtme të forta të 4 kërcellit të mbetur; priteni në feta shumë të holla në mënyrë tërthore dhe lërini mënjanë. Shtoni kokat dhe kockat e peshkut në tenxhere; rrisin nxehtësinë në mesatare-të lartë.

c) Gatuani, duke e përzier herë pas here, për 3 deri në 5 minuta. Shtoni sake, xhenxhefil, kërcell limoni të rezervuar, majdanoz, cilantro, kokrra piper dhe $2\frac{1}{2}$ litra ujë.

d) Ulni nxehtësinë në minimum, hiqni shkumën që ka dalë në sipërfaqe dhe ziejini për 25 minuta.

e) Hiqeni nga nxehtësia; lëreni të qëndrojë për 10 minuta. Hidheni përmes një sitë të veshur me një shtresë të dyfishtë napë të lagur; hidhni lëndët e ngurta. Hiq yndyrën. Shtoni mishin e gaforreve, fetat e rezervuara të barit të limonit dhe kërpudhat; Sezoni me kripë.

f) Kthejeni supën në nxehtësi mesatare dhe ziejini për 10 minuta. Hidheni supën në 12 enë shumë të vogla, të tilla si gota sake. Zbukuroni secilën me një gjethe cilantro dhe shërbejeni. Rimbushni sipas nevojës. Shërben 10 deri në 12.

Kërpudhat e perleve

44. Dip me kërpudha perle

Përbërësit

- 1 kile kërpudha gocë deti të freskëta, të grira me dorë
- 2 lugë gjelle gjalpë
- 1/2 lugë çaji qepë të kuqe të grirë hollë
- dash salcë e nxehtë e Kristalit
- dash piper i zi i bluar trashë
- 1/4 lugë çaji arrëmyshk
- 1/4 filxhan salcë kosi
- 3 oce krem djathi, i butë
- 1 lugë çaji lëng limoni
- 2 lugë qumësht

Drejtimet:

a) Skuqni kërpudhat në gjalpë për një minutë.
b) Shtoni qepët, salcën e nxehtë, piper dhe arrëmyshk.
c) Me një pirun, shtypni kremin e djathit në një tas; përzieni me salcë kosi, lëng limoni dhe qumësht.
d) Shtoni përzierjen e kërpudhave; përzieni mirë.

e) Shërbejeni me patate të skuqura, krikera ose me perime.
f) Bën 1 filxhan.

45. Sallatë rukole dhe kërpudha perle

Shërben 4 – 6

Përbërësit :

- 3 lugë vaj ulliri ekstra të virgjër
- 1/2 kile kërpudha perle, të prera në feta trashë
- Kripë dhe piper i sapo bluar
- 2 luge uthull balsamike
- 1/2 lugë çaji lëvore limoni të grirë imët
- 2 brinjë të brendshme selino, të prera në shkrepse, plus gjethe selino të prera, për zbukurim
- 5 gota rukola bebe
- 3 ons Pecorino Romano ose djathë tjetër të mprehtë, të rruar me një qëruese perimesh
- 3 ons proshuto di Parma të prera hollë

Drejtimet:

a) Në një tigan të madh që nuk ngjit, ngrohni 1 lugë gjelle vaj ulliri. Shtoni kërpudhat dhe i rregulloni me kripë dhe piper.

b) Gatuani mbi zjarr mesatarisht të lartë, duke e trazuar herë pas here, derisa të zbuten dhe të skuqen lehtë, rreth 6 minuta. Transferoni kërpudhat në një tas dhe lërini të ftohen.

c) Në një tas të madh, rrihni uthullën me lëkurën e limonit dhe 2 lugët e mbetura vaj ulliri. I rregullojmë me kripë dhe piper. Shtoni shkopinjtë e selinos, rukolën dhe kërpudhat dhe hidhini butësisht.

d) Transferoni sallatën në një pjatë ose tas të madh, sipër shtoni Pecorino Romano, proshuto dhe gjethe selino. Shërbejeni menjëherë.

46. Makarona me Kërpudha dhe Gremolata

Përbërësit

- 2 thelpinj hudhre te trasha, te grira holle
- 1/2 filxhan majdanoz me gjethe të grira hollë
- 1 lugë gjelle lëvore limoni të grirë hollë
- 2 lugë vaj ulliri ekstra të virgjër
- 1 kile kërpudha perle të freskëta, të prera
- Kripë për shije
- 2 lugë verë të bardhë të thatë
- Piper i zi i sapo bluar
- 12 ons 'fettuccini ose farfalle
- 1/4 deri në 1/2 filxhan ujë për gatimin e makaronave, për shije
- 1/4 deri në 1/2 filxhan parmezan të sapo grirë

Drejtimet:

a) Për të bërë Gremolata, vendosni hudhrën e grirë, majdanozin dhe lëkurën e limonit në një tumë dhe grijini ato së bashku. Le menjane.

b) Filloni të ngrohni një tenxhere të madhe me ujë për makaronat. Ndërkohë, ngrohni një tigan të madh e të rëndë ose wok mbi nxehtësinë mesatare-të lartë. Shtoni 1 lugë gjelle vaj ulliri dhe kur të jetë nxehtë shtoni kërpudhat.

c) Ziejini kërpudhat duke i trazuar me lugë druri ose duke i hedhur në tigan derisa të marrin një ngjyrë kafe të lehtë dhe të fillojnë të djersiten. Shtoni kripën dhe verën e bardhë dhe vazhdoni të gatuani, duke i trazuar ose duke i hedhur kërpudhat në tigan, derisa vera të ketë avulluar dhe kërpudhat të kenë glazurë, rreth 5 minuta.

d) Shtoni lugën e mbetur të vajit dhe Gremolata dhe piper. Gatuani, duke e trazuar, derisa të marrë aromë, rreth 1 minutë më shumë. Shijoni dhe rregulloni kripën. Mbajeni përzierjen të ngrohtë ndërsa gatuani makaronat.

e) Kur uji të vlojë, kriposni me bollëk dhe shtoni makaronat. Gatuani al dente, duke ndjekur udhëzimet e kohës në paketim. Para se t'i kulloni, hiqni 1/2 filxhan nga uji i zierjes së makaronave. Shtoni 1/4 filxhan të saj tek kërpudhat dhe përziejini së bashku.

f) Kulloni makaronat dhe hidhini me kërpudhat në një tas të madh makaronash ose në tigan. Nëse duket e thatë, shtoni 2 deri në 4 lugë gjelle nga uji i rezervuar për gatim. Shërbejeni me djathë parmixhano sipas dëshirës.

47. Përzierje brokoli-kërpudha

Rendimenti: 6 porcione

Përbërësit

- 1-1/2 paund brokoli të freskët, të prerë në lule
- 1 lugë çaji lëng limoni
- 1 lugë çaji kripë, sipas dëshirës
- 1 lugë çaji sheqer
- 1 lugë çaji niseshte misri
- 1/4 lugë çaji arrëmyshk i bluar
- 1 kile kërpudha gocë deti të freskëta, të grira me dorë
- 1 qepë mesatare, e prerë në rrathë
- 1 deri në 2 thelpinj hudhër, të grira
- 3 lugë vaj ulliri

Drejtimet:

a) Ziejini brokolin në avull për 1-2 minuta ose derisa të zbutet.
b) Shpëlajeni në ujë të ftohtë dhe lëreni mënjanë.
c) Në një tas bashkoni lëngun e limonit, kripën sipas dëshirës, sheqerin, niseshtën e misrit dhe arrëmyshkun; le menjane.
d) Në një tigan të madh ose wok mbi nxehtësi të lartë, skuqni kërpudhat, qepën dhe hudhrën në vaj për 3 minuta. Shtoni përzierjen e brokolit dhe lëngut të limonit; përzieni për 1-2 minuta. Shërbejeni menjëherë.

48. Ganganelli jeshil me kërpudha deti

Rendimenti: 1 porcione

Përbërësit:

- Makarona të freskëta jeshile, të mbështjellë deri në cilësinë më të hollë, në makinë
- 4 lugë vaj ulliri të virgjër
- 1 qepë e kuqe mesatare, në kube 1/8".
- 3 lugë gjelle gjethe rozmarine të freskëta, të copëtuara
- 1 kile kërpudha gocë deti të freskëta, në copa 1/2".
- ½ filxhan verë të bardhë
- ½ filxhan salcë domate bazë

Drejtimet:

a) Lërini 6 litra ujë të ziejnë dhe shtoni 2 lugë kripë.

b) Pritini makaronat në katrorë 2 centimetra dhe më pas mbështillini rreth një lapsi për të formuar kunjat e skajit të theksuar. Le menjane.

c) Në një tigan prej 12 deri në 14 inç, ngrohni vajin derisa të pini duhan. Shtoni qepën dhe rozmarinë dhe gatuajeni derisa të zbuten dhe të kenë aromë, rreth 6 deri në 7 minuta.

d) Shtoni kërpudhat dhe gatuajeni derisa të thahen, 3 deri në 4 minuta. Shtoni verën e bardhë dhe salcën e domates dhe lërini të ziejnë. Uleni nxehtësinë dhe ziejini për 5 deri në 6 minuta.

e) Ndërkohë, hidhni makaronat në ujë dhe gatuajeni derisa të zbuten, 8 deri në 11 minuta. Kulloni makaronat dhe shtoni në tigan me kërpudha. Hidheni në shtresë dhe shërbejeni menjëherë.

49. Kërpudha gocë deti të gatuara në avull

Rendimenti: 4 racione

Përbërësit:

- 1 kile kërpudha gocë deti
- ¼ filxhan vaj ulliri
- 1 kripë; për shije
- 1 piper i zi i sapo bluar; për shije
- 5 degë trumzë
- 5 degë rozmarine
- 5 degë sherebelë
- 5 degë majdanoz
- 10 thelpinj hudhre te plota
- 2 gota verë të bardhë
- 4 gjethe radichio për filxhanë
- Vinegrette barishtore

Drejtimet:

a) Në një enë hedhim kërpudhat me vaj, kripë dhe piper.

b) Duke përdorur pjesën e pasme të thikës suaj, shtypni butësisht barishtet dhe vendosini në fund të tiganit të thellë Sauté. Thyejeni hudhrën me thikën tuaj, vendoseni rreth barishteve. Hidhni verë mbi barishtet dhe hudhrat. Vendosni një tigan me avull në tiganin e thellë të Sauté.

c) Mbushni pjesën e poshtme të tiganit të avullit me një shtresë të barabartë kërpudhash.

d) Mbulojeni të gjithë tavën fort me fletë metalike. Vendoseni në zjarr mesatar dhe ziejini për 10 minuta. Vendosni gotat e radiçit në pjatat e servirjes.

e) Hiqni me kujdes kërpudhat dhe vendosini në filxhanë radichio. Spërkateni me vinegrette barishtore dhe shërbejeni.

50. Linguine me salcë kërpudhash goca deti

Rendimenti: 4 racione

Përbërësit:

- 2 gota kërpudha perle; (rreth 1/4 paund.)
- 1 luge vaj ulliri
- 1 thelpi hudhër; i grirë
- ½ lugë çaji kripë
- 1 copë arrëmyshk i sapo grirë
- ½ filxhan supë perimesh
- ½ filxhan salcë domate
- ½ filxhan qumësht me pak yndyrë
- 2 lugë majdanoz i freskët i grirë
- ¾ paund Linguine
- ¼ filxhan djathë parmixhano të sapo grirë; (opsionale)

Drejtimet:

a) Ju mund të përdorni kërpudha të zakonshme me butona, ose një varietet tjetër, në varësi të shpirtit tuaj të aventurës. Megjithatë, kërpudhat e detit japin një aromë shumë të veçantë.

b) Pritini kërpudhat në kube. Ngrohni vajin në një tigan të madh jo ngjitës mbi nxehtësinë mesatare-të lartë. Shtoni kërpudhat dhe gatuajeni, duke i përzier herë pas here, 4 deri në 5 minuta. Shtoni hudhrën, kripën dhe arrëmyshkun dhe gatuajeni duke e trazuar për 1 minutë.

c) Shtoni lëngun e mishit, salcën e domates dhe qumështin dhe lërini të ziejnë. Ulni nxehtësinë, mbulojeni dhe ziejini për 10 minuta, ose derisa kërpudhat të zbuten. Hidhni majdanozin dhe hiqeni nga zjarri.

d) Ndërsa kërpudhat janë duke u zier, vendosni një tenxhere të madhe me ujë të ziejë. Gatuani linguine derisa të zbutet, rreth 9 deri në 11 minuta. Kullojeni.

e) Vendoseni linguine në një tas servirjeje të ngrohur dhe sipër me salcën e kërpudhave. Nëse dëshironi, shtoni parmixhanin e grirë.

f) Kërpudhat e detit kanë një shije, ngjyrë dhe strukturë që të kujton ushqimet e detit.

g) Të prera në kubikë, këto kërpudha japin një salcë që në pamje i ngjan salcës së molusqeve. Ndonjëherë ata që janë të rinj në gatimin vegjetarian kënaqen duke ngrënë pjata që duken të njohura.

51. Supë me kërpudha perle

Rendimenti: 6 porcione

Përbërësit:

- 1 litër perle
- 1 filxhan pije alkoolike perle
- 3 lugë Gjalpë
- 1 luge miell
- 1 filxhan Qumesht
- ½ filxhan krem
- 2 lugë Shallots, të grira
- Kripë dhe piper
- ½ kile kërpudha
- 2 lugë çaji majdanoz, i grirë

Drejtimet:

a) Ngrohni gocat e detit në pije alkoolike mbi nxehtësi të ulët derisa skajet të përkulen. Kullojeni, duke kursyer pije alkoolike.

b) Shkrini 1 lugë gjalpë, përzieni me miell, shtoni qumështin gradualisht, duke e përzier vazhdimisht. Lëreni të vlojë dhe gatuajeni për 1 minutë.

c) Shtoni kremin, qepujt, majdanozin, kripën dhe piperin. Ngrohni kërpudhat në gjalpin e mbetur derisa të nxehen, por jo të marrin ngjyrë kafe.

d) Kombinoni kërpudhat, gocat e detit dhe pijet e detit me salcën e kremit. Shërbejeni menjëherë.

52. Kërpudha deti me linguini

Rendimenti: 1 porcion

Përbërësit:

- 1 qepë e vogël; i prerë në kubikë
- 1 thelpi hudhër; i grirë
- 50 gram raketë të freskët
- 200 gram kërpudha perle
- 100 mililitra Llak perimesh - forca e dyfishtë
- 2 gota verë të bardhë
- Vaj ulliri
- 100 gram kërpudha; i prerë në kubikë
- 100 gram makarona Linguini
- 2 lugë Raki
- Kripë dhe piper të zi të bluar
- 150 mililitra sojë

Drejtimet:

a) Për të bërë salcën e verës së bardhë, kaurdisni qepën në vaj ulliri. Shtoni hudhrën dhe pas 1 minutë shtoni kërpudhat e grira. Gatuani për 4 minuta derisa të mos prodhohet më lëng. Shtoni rakinë dhe vendoseni të ndezur. Shtoni lëngun dhe verën dhe zvogëloni.

b) Në një tigan tjetër, skuqni kërpudhat e detit në vaj ulliri për 4 minuta. Zieni ujin me kripë dhe gatuajeni linguini. Në minutën e fundit të gatimit shtoni gjethet e raketës. Shtoni Soya Dream në salcë dhe ngroheni.

c) Kulloni linguinin, shtoni pak vaj ulliri, grini piper dhe pjatë. Në një pjatë, vendosni kërpudhat e detit në një pishinë me salcë vere të bardhë.

53. Kërpudha perle turshi me djegës

Rendimenti: 1 porcion

Përbërësit:

- 6 thelpinj hudhre
- 300 mililitra vaj ulliri ekstra i virgjër Australian Jugor
- 4 tabaka me kërpudha deti
- 2 speca djegës të vegjël të nxehtë; i grirë shumë imët
- 4 djegës të mëdhenj të kuq të ëmbël; me farë dhe imët
- ½ lugë çaji kripë deti
- ½ lugë çaji piper i zi i grirë trashë
- 300 mililitra uthull balsamike
- Kaurdisni hudhrën në pak vaj ulliri derisa të marrë ngjyrë të artë.

Drejtimet:

a) E heqim nga tigani dhe e kullojmë në një peshqir letre.

b) Shtoni vajin e mbetur dhe kthejeni nxehtësinë në pikën më të lartë. Kur të jetë shumë nxehtë, shtoni të gjitha kërpudhat dhe gatuajini duke i trazuar butësisht, por vazhdimisht derisa të marrin ngjyrë kafe të artë.

c) Shtoni specin djegës dhe djegësin e grirë, kripë dhe piper, gatuajeni për një minutë të mëtejshme, më pas duke qëndruar mirë pasi ndonjëherë ndizet shtoni uthullën.

d) Përziejini dhe hiqeni nga zjarri, përzieni hudhrën.

54. Kërpudha deti të skuqura

Rendimenti: 4 racione

Përbërësit:

- 8 ons 'Kërpudha të freskëta gocë deti
- 1 lugë hudhër, e grirë
- 2 lugë çaji vaj ulliri
- 1 lugë çaji Rozmarinë e grirë
- 1 lugë çaji margarinë, sipas dëshirës
- 2 lugë çaji miell për të gjitha përdorimet
- 1 lugë çaji Sherry
- 1 lugë gjelle Tamari

Drejtimet:

a) Shpëlajini butësisht dhe thajini kërpudhat. Pritini në një madhësi uniforme dhe lëreni mënjanë.

b) Kaurdisni hudhrën në vaj mbi nxehtësinë mesatare për 15 deri në 20 sekonda. Shtoni kërpudhat dhe skuqini për 3 minuta.

c) Shtoni rozmarinë dhe margarinën dhe gatuajeni derisa margarina të shkrihet, rreth 30 sekonda. Spërkateni me miell dhe gatuajeni duke e përzier vazhdimisht.

d) Shtoni përbërësit e mbetur dhe përzieni derisa lëngu të trashet pak dhe kërpudhat të jenë të buta. Rreth 4 minuta.

55. Fiston deti të pjekur dhe kërpudha deti

Rendimenti: 1 porcion

Përbërësit:

- ¼ filxhan Shalots; prerë në kubikë të imët
- ½ lugë hudhër të grirë
- ¼ filxhan xhenxhefil i grirë
- ½ lugë gjelle salcë hudhër Thai Kili
- 1 filxhan uthull balsamike
- ¾ filxhan salcë soje
- 1½ filxhan vaj ulliri
- ½ filxhan vaj soje
- 1 kile kërpudha perle; rrjedhin jashtë
- 1 kile spinaq bebe
- ½ filxhan xhenxhefil i grirë
- 1 lugë hudhër të grirë
- 2½ lugë Yuzu
- 3 ons lëng Yuzu

- ¼ filxhan salcë soje
- ½ filxhan uthull orizi
- 2 lugë uthull orizi
- 2 lugë gjelle uthull vere të bardhë
- ¾ filxhan vaj farash rrushi
- 30 10 fiston deti
- Gjalpë i ëmbël 6 ons

Drejtimet:

a) Rrihni qepujt, hudhrën, xhenxhefilin, salcën e hudhrës kili, uthullën balsamike dhe salcën e sojës së bashku në një tas. Shtoni vajin e ullirit ngadalë por mos emulgoni.

b) SALLATE ME SPINAQ DHE KËRPUDA ME MIQ: Nxehni një tigan të rëndë në zjarr të fortë, derisa të pini duhan.

c) Fillimisht shtoni vajin e sojës dhe më pas kërpudhat e detit, i përzieni për rreth 2 minuta ose derisa të marrin ngjyrë kafe të artë.

d) Hiqni kërpudhat nga tigani në një tepsi dhe shpërndani në një shtresë të vetme.

e) Hidhni afërsisht ½ filxhan vinegrette balsamike soje mbi kërpudhat dhe lërini të marinohen për 15 minuta (mund të bëhet deri në 6 orë përpara).

f) Lëreni mënjanë dhe hidheni më vonë së bashku me spinaqin baby dhe vinegrette shtesë.

g) Salca e djegës agrume: Vendosni xhenxhefilin, hudhrën, yuzu kosho, yuzu, sojen, uthullën e orizit dhe uthullën e verës së bardhë, në një blender dhe ndizni shpejtësinë mesatare dhe hidhni ngadalë vajin e farave të rrushit. Vinegrette duhet të emulsifikuar.

h) Ngrohni një tigan të rëndë mbi nxehtësinë e lartë.

i) I rregullojmë fiston me kripë dhe piper nga të dyja anët dhe i lyejmë me gjalpë të zbutur.

j) Vendosni fiston në një tigan të nxehtë dhe ziejini derisa të marrin ngjyrë kafe të artë nga të dyja anët, afërsisht $1\frac{1}{2}$ deri në 2 minuta nga secila anë), mesatarisht i rrallë është shërbimi juaj i dëshiruar.

k) Hidhni spinaqin për fëmijë, kërpudhat dhe vinegrette balsamike soje, rregulloni përfundimisht erëzat dhe grumbulloni sallatën në mes të një pjate.

l) Pritini fiston horizontalisht dhe rregullojini rreth sallatës.

m) Hidhni sasinë e dëshiruar të vinaigrette djegës agrume mbi fiston

56. Troftë me shitaki & kërpudha deti

Rendimenti: 1 porcion

Përbërësit:

- 1 400 g; (14oz) troftë e plotë
- 200 gram kërpudha deti të freskëta; (7 oz)
- 200 gram kërpudha të freskëta shitake; (7 oz)
- 120 gram gjalpë; (4 1/4oz)
- Trumzë e freskët
- 3 koka hudhër të freskët
- 2 Limonë
- Majdanoz me gjethe të freskëta të copëtuara
- Kripë dhe piper

Drejtimet:

a) Qëroni gjysmën e hudhrës dhe zbardhni dy herë në ujë të vluar për rreth 3 minuta çdo herë. Vendosni kërpudhat dhe hudhrat në një enë kundër furrës dhe i rregulloni mirë.

b) Shtoni trumzë të freskët dhe gjysmën e gjalpit sipër. E vendosim në furrë të parangrohur 200øC/400øF/gaz 6 për rreth 20 minuta.

c) Gjatë gatimit përgatisni troftën dhe grijeni lëkurën dhe vendoseni në një pjatë tjetër shërbimi që është e papërshkueshme nga furra. Shtoni gjalpin e mbetur, trumzën, limonin dhe hudhrën dhe i rregulloni mirë.

d) Vendoseni në furrë dhe piqni në të njëjtën furrë me kërpudhat. Lyejini të dy pjatat gjatë gatimit, hiqni nga furra dhe shtoni majdanozin e grirë te kërpudhat dhe shërbejeni.

57. Supë me xhenxhefil me kërpudha deti

Rendimenti: 6 porcione

Përbërësit:

- 6 gota lëng pule; me pak yndyrë, me pak natrium
- 1 lugë çaji vaj susami
- 1 filxhan kërpudha deti të freskëta; ose kërpudha shiitake
- 1 filxhan kërpudha të bardha të prera në feta
- 2 thelpinj hudhër; i grirë
- 2 lugë qepë jeshile të grira
- 1 lugë gjelle Xhenxhefil i grirë
- Piper i freskët i bardhë i bluar

Drejtimet:

a) Ngrohni ½ filxhan lëng mishi dhe vajin në një tenxhere mbi nxehtësi të lartë. Shtoni të dyja llojet e kërpudhave dhe skuqini për 5 minuta.

b) Shtoni hudhrën dhe skuqeni për 1 minutë.

c) Shtoni qepët e njoma, lëngun e mbetur dhe xhenxhefilin. Ziejini për 15 minuta.

d) Spërkateni me piper të bardhë të freskët të bluar dhe shërbejeni.

58. Supë me lakërishtë dhe gocë deti

Rendimenti: 1 porcion

Përbërësit:

- 1 qepë mesatare
- 30 gram gjalpë pa kripë
- 250 gram kërpudha perle
- 420 mililitra lëng perimesh
- 2 tufa lakërishtë
- 2 lugë gjelle Madeira
- 420 mililitra Krem dopio
- Kripë dhe piper të zi të bluar

Përbërësit:

a) Qëroni dhe grijeni qepën imët. Shkrini gjysmën e gjalpit në një tigan të madh, shtoni qepën dhe skuqeni derisa të jetë e butë. Pritini imët kërpudhat. Shtoni gjysmën e qepës në tigan dhe gatuajeni derisa të jetë e butë. Hidhni lëngun në një tenxhere dhe lëreni të ziejë.

b) Lani dhe shkurtoni lakërishtën. Rezervoni disa gjethe për zbukurim. Zhyt lakërishtën në lëng të vluar dhe lëreni për rreth 30 sekonda, derisa të zbehet dhe të ketë ngjyrë të gjelbër smerald. Hiqeni tiganin nga zjarri.

c) Pure supën menjëherë në një blender ose procesor ushqimi për të marrë një ngjyrë të gjelbër të ndezur. Shpëlajeni tiganin. Kthejeni supën në tigan, duke e kaluar në një sitë.

d) Shkrini gjalpin e mbetur në një tigan të vogël dhe skuqni kërpudhat e mbetura të copëtuara.

e) Shtoni Madeira në tigan dhe zvogëloni lëngun që të avullojë. Shtoni kremin dhe lëreni të ziejë. E zvogëlojmë përsëri që të trashet dhe të karamelizohet pak, duke i dhënë një shije arrat.

f) Përzieni kremin e karamelizuar në purenë e lakërishtes dhe ngroheni butësisht. I rregullojmë sipas shijes me kripë dhe piper. Dekoroni me gjethe lakërishte të rezervuara përpara se ta shërbeni.

Kërpudha KAFE Zviceriane

59. Petulla me lulelakër me kërpudha

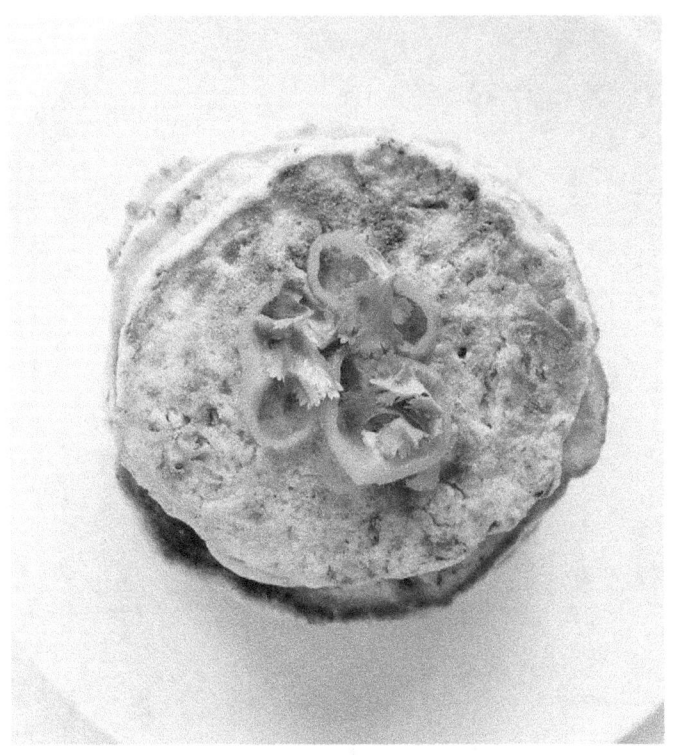

SHËRBON 4

Përbërësit:

- 500 g pako të ngrirë Rajs vegjetal Birds Eye Cauliflower
- 3 vezë të rrahura lehtë
- 1 filxhan djathë të shijshëm të grirë
- 2 lugë miell që ngrihet vetë
- ½ lugë çaji paprika
- ½ lugë çaji rigon të tharë
- 3 lugë vaj ulliri ekstra të virgjër
- 200 g kërpudha zvicerane kafe, të prera në feta
- Anët e mëngjesit, të zgjedhura p.sh
- domate ose spinaq të vyshkur.

Drejtimet:

a) Shkrini orizin e ngrirë Birds Eye Cauliflower Veggie në frigorifer. Pasi të jetë shkrirë, shtrydhni lagështinë e tepërt nga orizi i lulelakrës duke përdorur një leckë muslin ose përmes një sitë të imët.

b) Në një tas mesatar, kombinoni orizin e lulelakrës, vezët, djathin, miellin, paprikën dhe rigonin. Sezoni sipas shijes. Formoni përzierjen në peta 4 x 10 cm.

c) Nxehni 1 lugë gjelle vaj në një tigan që nuk ngjit mbi nxehtësinë mesatare-të lartë. Gatuani petullat një nga një. Hidhni një të katërtën e përzierjes në tavë duke shtypur me një shpatull për t'u rrafshuar në 10 cm dhe 1 cm të trasha. Gatuani për 2-3 minuta nga të dyja anët deri në kafe të artë.

d) Shtoni më shumë vaj në tigan midis gatimit të petullave, nëse kërkohet. Hiqni petullat nga tigani, vendosini në letër thithëse dhe mbajini të ngrohta.

e) Fshijeni tiganin të pastër, ngrohni vajin e mbetur dhe shtoni kërpudhat. Gatuani për 4-5 minuta duke e përzier rregullisht derisa të marrë ngjyrë të artë. Shërbejini kërpudhat me petulla me lulelakër dhe anët e mëngjesit sipas dëshirës.

60. Tas ushqimor me oriz dhe kërpudha vegjetale

SHËRBON 4

Përbërësit:

- 2 lugë vaj ulliri ekstra të virgjër
- 200 g kërpudha zvicerane kafe, të përgjysmuara
- 1 lugë gjelle salcë soje e reduktuar me kripë
- 500 g pako të ngrira Birds Eye karrota lulelakër Brokoli oriz vegjetal
- 1 filxhan gjethe spinaqi bebe
- 1 avokado, e prerë në feta
- 2 gota, lakër e kuqe e grirë imët Salcë susami i pjekur, për servirje

Drejtimet:

a) Nxehni 1 lugë gjelle vaj në një tigan që nuk ngjit mbi nxehtësinë mesatare-të lartë. Shtoni kërpudhat dhe gatuajeni, duke i përzier rregullisht për 4-5 minuta ose derisa të marrin ngjyrë të artë. Shtoni salcën e sojës dhe përzieni për të mbuluar. Hiqeni nga tigani, lëreni mënjanë dhe mbajeni të ngrohtë.

b) Shtoni vajin e mbetur në të njëjtën tigan. Shtoni orizin e ngrirë Birds Eye Veggie dhe gatuajeni për 6 minuta, duke e përzier rregullisht.

c) Përzieni spinaqin dhe vazhdoni të gatuani edhe për 2 minuta të tjera.

d) Ndani orizin e zier me perime, kërpudhat, avokadon dhe lakrën në tasat për servirje. Spërkateni mbi salcë dhe shërbejeni menjëherë.

MORELS

61.   Salmon dhe Morels

Përbërësit:

- 3 gota morel, të prera në feta për së gjati
- 4 fileto të mëdha salmoni (përmasat e porcionit, 8 oz. ose më shumë)
- 3 lugë gjalpë
- 3 thelpinj hudhre, te grira
- 1 filxhan verë të bardhë
- 2 lugë gjelle lëng limoni
- Kripë dhe piper për shije

Drejtimet:

a) Shkrini gjalpin në një tigan të madh mbi nxehtësinë mesatare. Shtoni hudhrën dhe gatuajeni për një minutë. Më pas shtoni morelët dhe gatuajini derisa të kenë filluar të marrin ngjyrë kafe.

b) Hidhni verën dhe gatuajeni derisa pothuajse të avullojë, duke e përzier shpesh. Transferoni kërpudhat në një tas kur të mbarojnë.

c) Ne do të gatuajmë peshkun për gatim të shpejtë dhe të lehtë. Vendosini filetot nga lëkura poshtë në një tigan për brojler dhe spërkatini me lëng limoni. Nëse dëshironi, sipër secilit mund të shtoni pak gjalpë.

d) Ziejini, pa e kthyer, derisa të gatuhet. Kontrolloni ato pas 6 minutash, por mund t'ju duhet të shkoni pak më gjatë.

e) Pasi të keni mbaruar, hiqni peshkun nga broileri dhe shtoni kripë dhe piper të dëshiruar. Hidhni me lugë morelët në mënyrë të barabartë mbi çdo fileto.

f) Shërbejini miqve me verë për t'u treguar se sa kuzhinier i mrekullueshëm jeni.

62. Krem supë me kërpudha e bërë në shtëpi

Përbërësit:

- 1 paund. morele të freskëta, të copëtuara
- 2 lugë gjelle gjalpë
- 1 filxhan lëng
- 1 filxhan krem të rëndë
- 1 filxhan verë të bardhë
- 2 gota ujë
- 1 presh i grirë dhe duke përdorur vetëm pjesën e bardhë
- 3 patate
- Kripë dhe piper për shije

Drejtimet:

a) Shtoni ujin në një tenxhere supe dhe lëreni të ziejë pak. Pasi të vlojnë, hidhni patatet dhe lërini të gatuhen derisa të jenë mjaft të buta. Kjo zakonisht zgjat rreth 20 deri në 30 minuta.

b) Shkrini gjalpin në një tigan të madh mbi nxehtësinë mesatare. Shtoni morelët dhe preshin dhe ziejini derisa morrat sapo të kenë filluar të marrin ngjyrë kafe.

c) Hidhni verën dhe gatuajeni derisa të ketë avulluar pothuajse tërësisht. Më pas shtoni lëngun tuaj, duke e përzier shpesh. Hiqini nga zjarri nëse patatet nuk janë bërë ende.

d) Kur patatet të jenë zbutur, lëreni ujin të ftohet pak përpara se ta vendosni përzierjen në një blender. Përziejini derisa të jetë e qetë dhe më pas kthejeni në tenxhere me ujë.

e) Shtoni përzierjen e morelit dhe preshit tek patatet dhe lërini të ziejnë. Gatuani për disa minuta derisa të nxehet.

f) Shtoni kremin, kripën dhe piperin dhe përzieni derisa supa të ngrohet dhe të trashet sipas dëshirës tuaj.

63. Makarona Morel

Përbërësit:

- 1/2 paund. e morels
- 3 lugë gjalpë
- 3 thelpinj hudhre, te grira
- 1 qepë e vogël, e grirë
- 1 filxhan djathë i grirë
- 8 oz. petë me vezë

Drejtimet:

a) Zieni ujin dhe gatuajini makaronat me butësinë e dëshiruar. Unë preferoj timen al dente.

b) Ndërsa makaronat janë duke u gatuar, shkrini gjalpin në një tigan mbi nxehtësinë mesatare. Shtoni hudhrën, qepën dhe morelët. Gatuani derisa kërpudhat të kenë nxjerrë pjesën më të madhe të lëngut të tyre dhe të kenë marrë pak ngjyrë kafe.

c) Tava do të jetë e mbushur me njerëz, kështu që përziejeni shpesh. Nëse përzierja e kërpudhave/qepës përfundon përpara se të mbarojnë makaronat, ulni nxehtësinë në minimum.

d) Mos harroni të kontrolloni makaronat ndërsa kërpudhat janë duke u gatuar! Pasi të ketë mbaruar e kullojmë dhe e vendosim në tigan me përbërësit e tjerë duke i përzier të gjithë bashkë.

e) Mbuloni gjithçka me djathin e grirë dhe gatuajeni derisa të shkrihet.

64. Pulë e lehtë dhe Morels

Përbërësit:

- 3 gota morel, të prera në feta për së gjati
- 4 gjoks pule pa kocka dhe pa lëkurë
- 4 lugë gjelle gjalpë
- 1/2 filxhan lëng pule
- 1/2 filxhan krem të rëndë
- 2 lugë gjelle lëng limoni
- 1/2 filxhan miell
- 3 qepe, të grira
- 3 thelpinj hudhre, te grira
- Kripë dhe piper për shije

Drejtimet:

a) Ngrohni furrën tuaj në 300 gradë.

b) Shkrini 2 lugë gjalpë në një tigan të madh mbi nxehtësinë mesatare. Ndërsa po shkrihet, lyeni me miell gjoksin e pulës.

c) Vendoseni pulën në tigan dhe gatuajeni, duke e kthyer nga ana tjetër, derisa të skuqet lehtë nga të dyja anët. Kjo ndoshta do të zgjasë 8 deri në 10 minuta.

d) Hiqeni pulën nga tigani dhe vendoseni në një tavë. Kur furra të jetë gati, futeni në tavë dhe piqeni derisa pula të nxehet.

e) Ndërsa pula është duke u gatuar, shkrini 2 lugët e tjera gjalpë në tigan mbi nxehtësinë mesatare. Shtoni morelët, qepujt dhe hudhrat. Gatuani për 3 minuta, duke e përzier shpesh.

f) Hidhni lëngun e pulës dhe gatuajeni derisa të zvogëlohet përgjysmë.

g) Shtoni kremin, lëngun e limonit, kripën dhe piperin. Gatuani derisa lëngjet të jenë reduktuar në një salcë të konsistencës së dëshiruar.

h) Vazhdoni të kontrolloni pulën ndërsa morelët janë duke u gatuar. Kur të jenë gati të dyja, hiqeni nga zjarri dhe hidhni salcën me lugë sipër pulës.

65. Morels të mbushura me Gaforre

Përbërësit:

- 12 morele, të prera përgjysmë për së gjati
- 1 filxhan mish gaforre
- 2 lugë gjelle gjalpë
- 1 vezë e rrahur
- 2 thelpinj hudhre, te grira
- 2 lugë majonezë e lehtë
- 2 lugë bukë të thatë
- Kripë dhe piper për shije
- Ngrohni furrën tuaj në 375 gradë.

Drejtimet:

a) Në një tas të madh bashkoni mishin e gaforreve, majonezën, vezën e rrahur, hudhrën, thërrimet e bukës, kripën dhe piperin. Përziejini mirë përbërësit.

b) Spërkateni pjesën e poshtme të një enë pjekjeje me llak gatimi që nuk ngjit. Shkrini gjalpin në një tigan dhe e shpërndani në fund të enës së pjekjes. Vendosni morelët në fund të enës me zgavrën e brendshme të kthyer nga lart.

c) Mbushni çdo morel me mbushjen. Vendoseni në furrë dhe gatuajeni derisa kërpudhat të marrin ngjyrë kafe të artë, rreth 8 deri në 15 minuta.

d) Shërbejeni menjëherë.

66. Vezë Morel të fërguara

Përbërësit:

- 1/2 paund. morel, të prera në feta për së gjati
- 1/4 filxhan qumësht
- 3 lugë gjalpë
- 3 qepë të njoma, të grira
- 1/2 duzinë vezë, të rrahura

Drejtimet:

a) Shkrini gjalpin në një tigan të madh dhe shtoni morelët dhe qepët e njoma. Gatuani derisa morelet të kenë filluar të marrin ngjyrë kafe.

b) Ndërsa kërpudhat janë duke u zier, rrihni vezët dhe qumështin së bashku në një enë.

c) Derdhni përzierjen e vezëve të rrahura në tiganin me kërpudhat. Përziejini derisa vezët të zihen sipas dëshirës.

67. Asparagus dhe Morels

Përbërësit:

- 1/2 paund. morele të freskëta, të prera në feta për së gjati
- 2 lugë gjelle gjalpë
- 2 tufa asparagus, të prera në copa 1 inç
- 1 qepe, e prerë
- 2 thelpinj hudhre, te grira

Drejtimet:

a) Shkrini gjalpin në një tigan mbi nxehtësinë mesatare. Shtoni copat e qepes, hudhrat, morelët dhe shpargujt.

b) Gatuani derisa morelët të jenë skuqur dhe shpargujt të jenë të butë, zakonisht 8 deri në 10 minuta.

68. Morels të mbushura me djathë

Përbërësit:

- Shumë morale të plota mesatare, të paktën 12 deri në 16. Mos i prisni në feta.
- 1 lugë gjelle gjalpë
- 2 luge vaj ulliri
- 1/2 paund. spinaq (8 oz.), i grirë imët sa më shumë që të jetë e mundur
- 1 filxhan djathë Ricotta
- 1 filxhan djathë zviceran i grirë
- 2 lugë arra pishe ose arra, të grira
- 4 qepë të njoma, të grira hollë
- 2 thelpinj hudhre, te grira
- 1/2 lugë çaji arrëmyshk
- Kripë dhe piper për shije

Drejtimet:

a) Ngrohni furrën tuaj në 375 gradë.

b) Fillimisht do të bëjmë mbushjen. Shkrini gjalpin në zjarr mesatar në një tigan. Skuqini qepët e njoma dhe hudhrat për 5 minuta, më pas hiqeni nga zjarri dhe lërini të ftohen.

c) Në një tas të madh, kombinoni të gjithë djathrat, spinaqin, arrat, kripën, piperin, hudhrën, qepët e njoma dhe arrëmyshkun. Përziejini mirë.

d) Përgatitni kërpudhat tuaja duke prerë çdo kërcell të dalë, duke lënë një hapje në bazë.

e) Spërkatni një tavë pjekjeje me llak gatimi që nuk ngjit. Mbushni me kujdes çdo morel, lyejini me pak vaj ulliri dhe vendosini në tigan. Gatuani derisa kërpudhat të marrin ngjyrë kafe të artë, zakonisht 10 deri në 20 minuta.

f) Shërbejeni menjëherë. Ata nuk do të zgjasin shumë!

69. Morele me miell

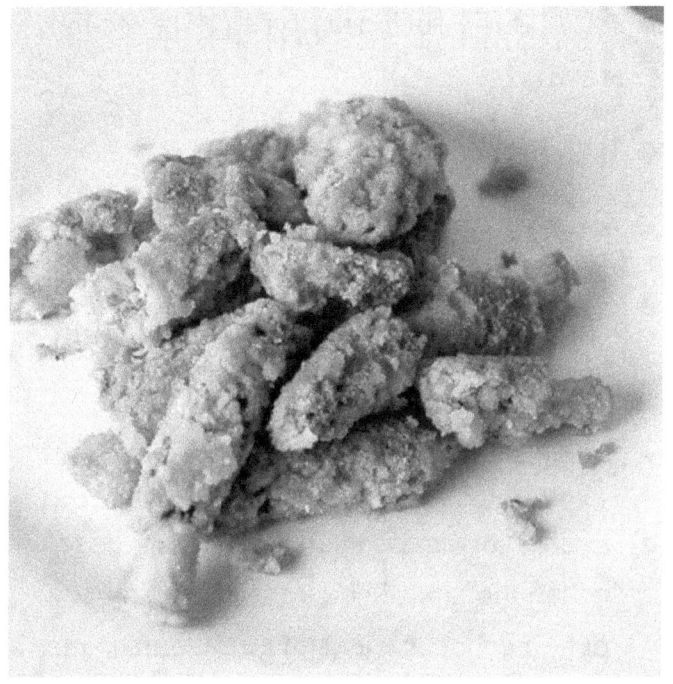

Përbërësit:

- Morels një tufë prej tyre (të prera në feta)
- 1/2 filxhan miell (ose më shumë)
- 4 lugë gjalpë ose margarinë
- Kripë
- Piper

Drejtimet:

a) Lyeni Morels me miell (ose në një qese gallon me zinxhir që ka miell në të ose duke përdorur një pjatë të mbuluar me miell)

b) Shkrini gjalpin/margarinën në tigan mbi nxehtësinë mesatare (mos e ngrohni shumë!!!!!)

c) Skuqni kërpudhat (butë) në gjalpë/margarinë. Duke u kthyer kur është e nevojshme.

d) Hiqeni nga tigani dhe kripë e piper për shije.

70.   Morels të skuqura në pan

Përbërësit:

- Kërpudha Morel të trashë
- 2 gota miell organik
- ¼ lugë çaji pluhur piper i kuq
- ¼ lugë çaji pluhur qepë
- Shumë kripë deti për shëllirë
- 2 vezë
- ½ filxhan qumësht
- 1 Ngjit gjalpë ose ghee

Drejtimet:

a) Së pari ju do të shëllirë morels tuaj në një banjë me ujë të freskët me kripë duke përdorur ujë dhe kripë.

b) Përzieni vezën dhe qumështin në një tas.

c) Përzieni miellin dhe erëzat në një tas.

d) Shkrini gjalpin tuaj (ose vajin e preferuar për tiganisje) në një tigan në nxehtësi mesatare/të ulët.

71. Morels në gjalpë

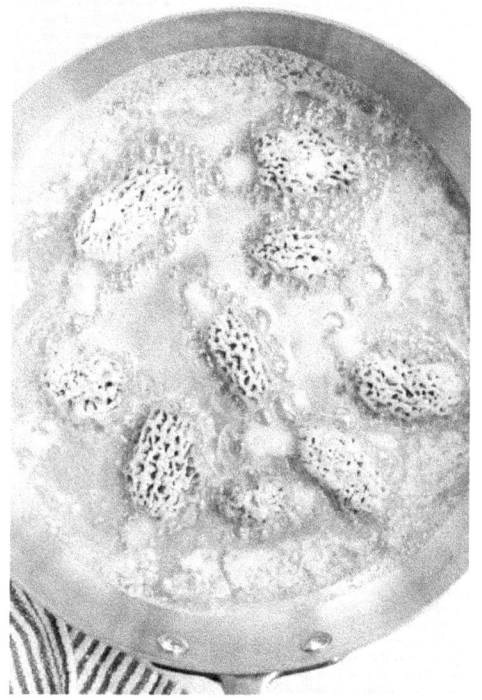

Përbërësit:

- Morels
- miell orizi
- miell gruri
- 4 shkopinj gjalpë
- kripë
- piper

Drejtimet:

a) I pudrosim me miell orizi dhe më pas i skuqim në gjalpë.

b) Kënaquni.

72.   Salca e kërpudhave Morel

SHERBIMET 4 persona

Përbërësit:

- 4 Zëvendësues i gjoksit të pulës pa kocka me peshk të murrit me flutur, gjoks fazani ose kotele viçi
- 3 lugë gjalpë (pa zëvendësues)
- 3 gota morel (të prera në feta 1" të gjata)
- $\frac{1}{2}$ lugë majdanoz të thatë
- $\frac{1}{4}$ lugë çaji piper
- $\frac{1}{4}$ filxhan qepë jeshile (e prerë hollë)
- $\frac{1}{2}$ filxhan verë të bardhë të thatë
- 2 gota krem pana
- 1 lugë çaji kripë
- $\frac{1}{2}$ lugë çaji mustardë Dijon

Drejtimet:

a) Kaurdisni gjokset e pulës pa kocka në disa lugë gjalpë të nxehtë derisa të jenë gati.

Mbajeni të ngrohtë derisa salca të përfundojë.

b) Në një tigan 12" që nuk ngjit, ngrohni 3 lugë gjelle. gjalpë (pa zëvendësues) mbi nxehtësi të lartë deri në shkumë.

c) Shtoni 3 filxhanë mollëza të vogla gri - për moraletë më të mëdha të prera në feta jo më shumë se 1" të gjata.

d) Skuqeni duke e përzier herë pas here për 15-20 min. deri sa të jetë pak krokante.

e) Shtoni 1/4 C. majat e qepëve jeshile të prera hollë, 1/2 lugë gjelle. majdanoz të thatë, 1/4 lugë çaji arrëmyshk, 1/4 lugë çaji piper, 1 lugë çaji kripë dhe ziejini për disa minuta.

f) Kthejeni nxehtësinë në më të lartë dhe shtoni 1/2 C. verë të bardhë të thatë dhe zvogëloni pothuajse në një lustër.

g) Kthejeni nxehtësinë në ilaç. dhe shtoni 2 C. krem pana dhe 1/2 lugë çaji mustardë Dijon.

h) Uleni pak mbi zierje të ngadaltë derisa të trashet - rreth 10-12 min.

i) Pjata dhe shërbejeni salcën mbi pulën.

73. Morel me kripura me kripë

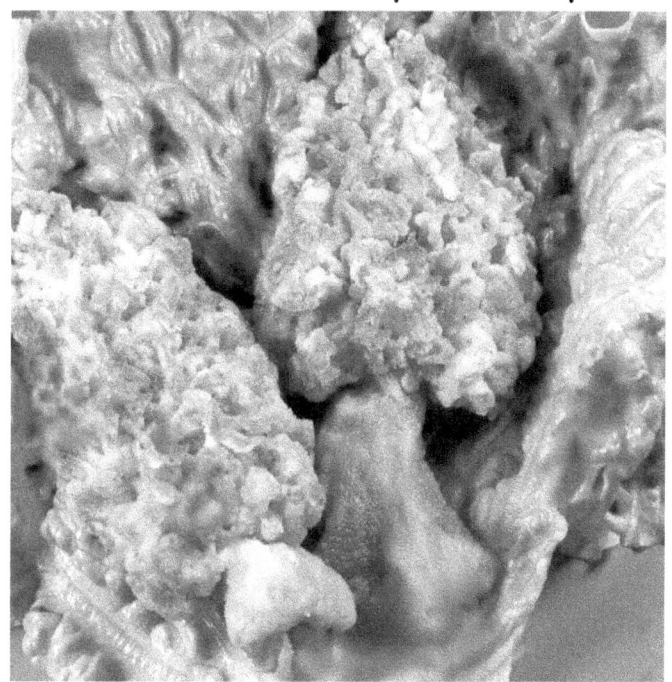

Përbërësit:

- morelët e freskëta të prera në feta për së gjati
- ⅓ vaj gatimi
- 1 kuti kripura me kripë
- 3 vezë
- kripë
- 1 lugë çaji piper
- 1 lugë çaji paprika
- 1 lugë erëza
- 1 filxhan miell
- ⅓ filxhan ujë

Drejtimet:

a) Lani lehtë dhe pritini kërpudhat për së gjati në gjysmë. Lyejeni paraprakisht në ujë të kripur. (Preferohet gjatë natës). Kjo ndihmon për të neutralizuar acidin...për të shmangur problemet "tretje".

b) Ngrohni paraprakisht aplikacionin 1/3" të vajit të gatimit në një tigan prej gize 10" mbi nxehtësinë mesatare të lartë.

c) Përgatitni peshqirë letre për të kulluar vajin e tepërt nga kërpudhat e gatuara.

d) Shpëlajini dhe kullojini mirë kërpudhat në një kullesë të madhe.

e) Zbrazni (2) pako të brendshme të kripurave të kripura në një qese ziploc 1 gallon. Thërrmoni me një oklla në një konsistencë të imët të thërrmueshme.

f) Shtoni 1 C miell, 1/2 lugë gjelle kripë erëza dhe 1 lugë çaji piper dhe paprikë. Tundeni së bashku dhe vendosini në një tigan të cekët ose tavë.

g) Në një tas të vogël rrihni 3 vezë.

h) Shtoni ujë, piper dhe përzieni mirë.

i) Me njërën dorë, zhytni kërpudhat në larjen e vezëve, duke lejuar që teprica të pikojë. Hidheni në përzierjen e krisurave.

j) Me dorën tjetër, hidhni menjëherë më shumë përzierje krekeri sipër për të mbuluar të gjithë kërpudhat. Shkundni tepricën për të shmangur djegien në tigan.

k) Gatim

l) Vendoseni në vaj të nxehur ... me anë të ndarë poshtë. Vazhdoni derisa tava të mbushet.

m) Gatuani derisa të marrë një ngjyrë të lehtë të artë. Kthejeni me darë dhe gatuajeni anën tjetër deri në kafe të artë. Kthejini ato përsëri për pak në mënyrë që vaji i tepërt nga poshtë të kullojë më mirë.

n) Vendoseni mbi peshqir letre...nga ana e ndarë poshtë. Mund të kriposet lehtë, por

JO e nevojshme. Nuk dua të groposni shijen e kërpudhave... Ide e mirë për të provuar shije së pari.

o) Vazhdoni derisa të gatuhen të gjitha kërpudhat...Mund të ketë nevojë të shmangni konsumatorët e etur.

74. Morel me thërrime buke dhe parmixhan

Përbërësit:

- 15-20 morel me madhësi mesatare të lara dhe të përgjysmuara
- 1 filxhan thërrime buke
- 1 lugë piper i zi i grimcuar
- 1 lugë gjelle kripë deti të grimcuar
- 3 lugë djathë parmixhano i grirë imët
- 3-4 feta të trasha çedar mesatar
- 1 vezë për larjen e vezëve
- 4 shkopinj gjalpë

Drejtimet:

a) Përziejini të gjithë përbërësit e thatë në një tas të cekët. (thërrima buke, djathë parmixhano, kripë dhe piper)

b) Ngrohni një sasi të shëndetshme gjalpi në një tigan të vogël.

c) Rrihni vezën dhe vendoseni në një tas të veçantë të cekët.

d) Gatim

e) Zhytni kërpudhat në larjen e vezëve dhe fshijini në përzierjen e thërrimeve të bukës, vendosini menjëherë në gjalpë të nxehtë. Skuqini deri në kafe të artë krokante.

f) Hiqini nga tigani dhe rregulloni kërpudhat në një fletë të vogël biskotash, duke vendosur një rrip çedar 1/4 inç në mes të secilës.

g) Vendoseni në furrë të parangrohur në 375 gradë për rreth 4-6 minuta, ose derisa djathi të shkrijë.

h) Hiqeni, lëreni të ftohet dhe shijoni.

75. Morels të skuqura në tigan

Përbërësit:

- një grumbull Morelësh të përgjysmuar, të pastruar dhe të njomur
- 2 gota miell misri
- ¼ qumësht
- 1 vezë fshati
- 1 filxhan yndyrë proshutë
- 1 luge piper i zi

Drejtimet:

a) Në një tas të gjerë të cekët: përzieni 1 vezë fshati me 1/4 c. qumësht

b) Në një qese letre të trashë: shtoni 2 c. miell misri me 1 t. piper i zi i përzier.

c) Në një tigan të thellë prej gize të erëzuar mirë, shkrini yndyrën e proshutës 1" thellë.

d) Merrni atë të mirë dhe të nxehtë, por jo duke pirë duhan.

e) Tani zhytni kërpudhat tuaja në përzierjen e qumështit dhe vezëve dhe lërini të zhyten pak derisa yndyra juaj po nxehet.

f) Nxirrni një grusht nga tasi dhe tundini pak për të hequr pak nga lëngu i tepërt dhe më pas hidhini në qesen me miell misri.

g) Mbajeni dorën në fund të çantës që të mos thyhet dhe tundeni butësisht.

h) Shtoni më shumë kërpudha, duke tundur butësisht pas çdo shtimi.

i) Pasi të jenë lyer shumë mirë të gjitha, filloni t'i shtroni në një shtresë të vetme në tiganin e nxehtë.

j) Përpiquni t'i ktheni ato vetëm një herë, kështu që veshja juaj qëndron më mirë.

Kërpudhat e PORCINI

76. Biftekë të fërkuar me porcini

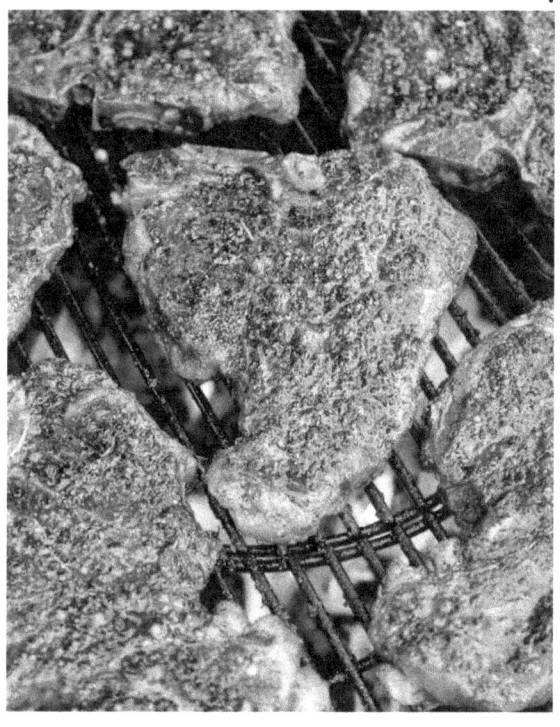

Shërben 2

Përbërësit:

- 2 luge sheqer
- 1 lugë gjelle kripë
- 5 thelpinj hudhre, te grira holle
- 1 lugë gjelle me thekon piper të kuq djegës
- 1 luge piper i zi
- 30 gr kërpudha porcini të thata, të grira imët
- 60 ml vaj ulliri, plus shtesë për spërkatje
- 1 x 600-800 gr biftek, i prerë me trashësi 4 cm
- Uthull balsamike, për spërkatje

Drejtimet:

a) Në një tas të vogël, bashkoni sheqerin, kripën, hudhrën, thekonet e piperit të kuq, piperin, pluhurin e kërpudhave dhe vajin e ullirit, më pas përzieni mirë për të formuar një pastë të trashë dhe mjaft të thatë. Fërkojeni pastën në të gjithë biftekin, duke e lyer atë në mënyrë të barabartë. Mbështilleni me film ushqimor dhe më pas ftohuni për 12 orë ose gjatë gjithë natës.

b) Ngrohni një tigan në tigan. Hiqeni biftekun nga frigoriferi, duke hequr marinadën e tepërt. Gatuani në zjarr mesatar-të lartë për 20-25 minuta, duke e rrotulluar çdo 6 minuta për mesatare të rrallë.

c) Lëreni biftekin të pushojë për 10 minuta, më pas priteni në feta kundër kokrrës. Spërkateni me vaj ulliri dhe uthull balsamike dhe shërbejeni.

77. Kërpudha turshi soje

Shërben 4-6

Përbërësit:

- 400 ml qumësht
- 50 g gjalpë
- 50 gr kokrra miell misri ose polentë të verdhë
- 40 gr krem kremi
- 75 gr djathë parmixhano, i grirë, plus shtesë për t'u shërbyer
- Kripë dhe piper të zi
- 4-6 salcice derri ose derri të egër

Për kërpudhat me turshi soje

- 50 ml vaj vegjetal
- 1 qepë e vogël, e prerë në kubikë
- 2 thelpinj hudhre, te shtypura
- 400 g kërpudha të egra të përziera
- 60 ml salcë soje e lehtë
- 60 ml ujë

- 3 qepë të vogla, të prera hollë
- 4 lugë majdanoz me gjethe të sheshta, të grira

Drejtimet:

a) Për të bërë grilat, vendosni qumështin dhe gjalpin të ziejnë në një tenxhere mesatare.

b) Shtoni grilat ose polentën dhe gatuajeni për 3 minuta duke i përzier vazhdimisht. E heqim nga zjarri dhe e lëmë të ftohet pak.

c) Përzieni kremin dhe parmixhanin, lyejeni, mbulojeni dhe mbajeni të ngrohtë.

78. Kalzone me kërpudha

Shërben 2

Përbërësit:

Për brumin e picës

- 115 ml ujë të vakët
- 1 lugë çaji maja e tharë me veprim të shpejtë
- 200 g miell të bardhë të fortë
- ½ lugë çaji kripë

Për mbushjen

- 200 gr mocarela buall, e kulluar dhe e prerë në kubikë
- Vaj ulliri ekstra i virgjer
- 1 thelpi hudhër, e grirë imët
- 1 lugë çaji thekon djegës të thatë (opsionale)
- 225 g kërpudha të përziera, të prera, të qëruara dhe të prera në kubikë 1 cm
- Kripë dhe piper të zi
- ½ lugë gjelle gjethe trumze limoni

- 3 lugë parmixhan të grirë hollë

Drejtimet:

a) Për të bërë brumin, vendosni 2 lugë gjelle ujë të vakët në një tas të vogël. Spërkateni majanë mbi ujë dhe përzieni butësisht me gisht. Matni miellin në një tas të madh përzierjeje. Pasi majaja të jetë tretur dhe të duket e shkumëzuar, përziejeni mirë.

b) Shtoni 1 lugë miell dhe përzieni derisa të formohet një masë e butë. Lëreni të ngrihet për 30 minuta. Do të fryhet dhe do të dyfishohet në vëllim.

c) Përzieni kripën në miellin e mbetur. Hidhni përzierjen e majave. Shtoni 115 ml ujë të vakët në enën e zbrazët të majave, më pas futeni në përzierje. Duke përdorur duart, përzieni derisa të formohet një brumë dhe më pas vendoseni në një sipërfaqe të pastër. Ziejini për 10 minuta.

d) Pasi brumi të jetë i butë dhe elastik, ndajeni në dy topa të barabartë.

Vendoseni në një tepsi të lyer me miell dhe mbulojeni me një peshqir çaji të pastër. Lërini në një vend të ngrohtë dhe pa rrymë për 2 orë ose derisa të dyfishohen në madhësi.

e) Vendosni një tepsi në qendër të furrës, më pas ngroheni paraprakisht në 230C/450C/markën 8 të gazit.

f) Kulloni mocarelën dhe thajeni. Pritini në kubikë 1 cm dhe vendosini në një kullesë. Shtypeni butësisht për të çliruar pak nga lagështia e tepërt.

g) Vendosni një tigan mbi një zjarr mesatar-të lartë. Shtoni 3 lugë vaj ulliri, pastaj hudhrën dhe djegësin, nëse përdorni. Sapo të fillojë të ziejë, shtoni kërpudhat e prera në kubikë.

h) Rrëzojini dhe skuqini me shpejtësi për 3 minuta ose derisa të kenë lëshuar pjesën më të madhe të lëngut të tyre. Përzieni trumzën e limonit dhe hidheni në një tas. Pasi të ftohet, përzieni parmixhanin.

i) Hapeni brumin tuaj të picës në dy disqe me diametër rreth 20 cm. Përhapeni kërpudhat mbi gjysmën e çdo disku të brumit, duke u kujdesur që të mos mbuloni buzën e ngritur.

j) Mocarelën e prerë në kubikë e shpërndajmë sipër kërpudhave. Palosni gjysmën e pambuluar të brumit mbi mbushje. Shtrydhni skajet në mënyrë që të mos shpëtojë lëngu.

k) Piqni për 10 minuta, ose derisa kalzona të jetë fryrë dhe të jetë bërë e freskët dhe e artë. Lyejeni me pak vaj ulliri përpara se ta shërbeni.

79. Asparagus & morels në vinaigrette

Rendimenti: 4 porcione

Përbërësit:

- 32 shtiza asparagu
- ½ kile morel të freskët; përgjysmuar, pastruar dhe prerë
- ¼ ons kërpudha të thata porcini
- 1 filxhan lëng pule ose ujë
- ¼ filxhan uthull balsamike

Drejtimet:

a) Pritini dhe zbardhni asparagun derisa të zbuten dhe ndaloni zierjen duke i zhytur në ujë të ftohtë. Kullojeni dhe rezervoni. Thithni porcini në stok ose ujë. Lëreni të ziejë dhe zvogëloni vëllimin në ¼ filxhan. tendosje. Në një blender, bashkoni uthullën balsamike dhe ujin e njomjes së kërpudhave.

b) Emulsoni vajin në bazë dhe rregulloni me kripë dhe piper. Ziejini shpargujt me avull për 1 minutë që të ngrohen dhe vendosini në pjata të ngrohta.

c) Kaurdisni morelët në gjalpë derisa të lëshojnë lëngjet e tyre. Rriteni nxehtësinë dhe skuqeni për 2-3 minuta. Hidhni morel në ⅔ të vinegrette. Ndani midis shtizave dhe hidhni pak vinegrette rreth secilës.

80. Djathë blu & kërpudha të egra

Rendimenti: 3 porcione

Përbërësit:

- 1 lugë gjelle gjalpë pa kripë
- 1 luge vaj ulliri
- 3 qepë spanjolle; të prera hollë
- 1 lugë çaji Sheqer
- 3 lugë vaj ulliri
- 1 paund kërpudha të egra të ndryshme (portobello; shiitake chanterelle, porcini)
- Kripë dhe piper i sapo bluar
- ½ filxhan mocarela e freskët
- 1 filxhan djathë blu i grimcuar
- 1 bukë të sheshtë

Drejtimet:

a) Ngrohni gjalpin dhe vajin e ullirit në një tigan mesatar. Shtoni qepët dhe sheqerin dhe ziejini ngadalë derisa të jenë të buta dhe të karamelizuara. Ngrohni vajin e ullirit në një tigan të madh në zjarr të fortë. Shtoni kërpudhat dhe skuqini derisa të marrin ngjyrë kafe të artë dhe të ziejnë.

b) I rregullojmë me kripë dhe piper sipas shijes. Ngrohni skarë. Rrafshojmë brumin, e lyejmë me furçë me vaj ulliri dhe e hedhim në skarë.

c) Grijini nga njëra anë deri sa të marrin ngjyrë kafe të artë, kthejeni të lyer me mocarelën, qepët dhe kërpudhat dhe djathin blu.

Kërpudha Gështenja

81. Puding me bukë me kërpudha dhe presh

Shërben 8-10

Përbërësit:

- 400 gr kube buke, koret e hequra
- 2 luge vaj ulliri
- 1 lugë gjalpë pa kripë
- 50 gr pancetë, të prera imët
- 4 presh, pjesë të bardha dhe jeshile, të prera në feta
- 1,2 kg kërpudha gështenjë të prera në feta
- 1 lugë gjelle gjethe të freskëta tarragon, të prera
- 30 ml sheri mesatare ose të thatë
- Kripë dhe piper të zi
- Një grusht i vogël majdanoz me gjethe të sheshta, i grirë
- 4 vezë të mëdha
- 600 ml krem dopio
- 250 ml lëng pule

- 170 gr gruyere e grirë

Udhëzime :

a) Ngrohni furrën në temperaturën 180C/350F/gaz 4. Përhapeni bukën në një tepsi dhe piqni për 20 minuta derisa të skuqet lehtë. Le menjane.

b) Ngrohni vajin dhe gjalpin në zjarr mesatar. Shtoni pancetën dhe skuqeni për 5 minuta, shtoni preshin dhe ziejini derisa të zbuten. Shtoni kërpudhat, tarragonin, sherin, 1 lugë gjelle kripë dhe $1\frac{1}{2}$ lugë çaji piper dhe gatuajeni për 10-12 minuta, derisa pjesa më e madhe e lëngut të avullojë, duke e përzier herë pas here. Hiqeni zjarrin dhe më pas përzieni majdanozin.

c) Në një tas të madh përzierjeje, rrihni vezët, ajkën, lëngun e pulës dhe ⅔ të grjerës. Shtoni përzierjen e bukës dhe kërpudhave duke i trazuar mirë. Lëreni mënjanë për 30 minuta.

d) I trazojmë mirë dhe i hedhim në një enë të madhe pjekjeje. E spërkasim me gruyeren e mbetur dhe e pjekim për 45-50 minuta, derisa pjesa e sipërme të skuqet.

e) Shërbejeni të nxehtë.

82. Gështenja dhe kërpudha të egra

Rendimenti: 4 porcione

Përbërësit:

- 2 luge vaj ulliri
- 1 thelpi hudhër, të prera imët
- 8 ons kërpudha Shiitake, të prera dhe të prera në feta
- 15 ons gështenja të konservuara të kulluara të paketuara në ujë
- Kripë dhe piper i zi i sapo bluar

Udhëzime :

a) Ngrohni vajin e ullirit në një tigan dhe ngadalë lëreni hudhrën të marrë ngjyrë kafe. Skuqini shiitake derisa të zbuten (shtoni një lugë ujë nëse është e nevojshme që të mos digjen).

b) Shtoni gështenjat dhe kaurdisini vetëm sa t'i ngrohni dhe i rregulloni mirë me kripë dhe shumë piper të zi të bluar

c) Rendimenti: 4 deri në 6 racione

83. Kërpudha Rogan

Shërben 4

Përbërësit:

- 2-4 speca djegës të thatë
- 6 lugë vaj vegjetal
- 4 karafil
- 6 bishtaja kardamom jeshile
- 2 bishtaja kardamomi të zi
- Shkop kanelle 5 cm
- 1 teh topuz
- 10 kokrra piper te zi
- 2 qepë të vogla, të grira hollë
- 2 domate të mëdha, të prera në katër pjesë
- 2 lugë kos
- 5 thelpinj hudhër, të qëruara
- 20 g xhenxhefil me rrënjë të qëruar
- 2 lugë çaji koriandër të bluar
- ¾ lugë çaji qimnon të bluar

- ⅓ lugë çaji shafran i Indisë
- ¾ lugë çaji garam masala, ose për shije
- Kripë, për shije
- 30 g gjalpë pa kripë
- 500 g kërpudha të ndryshme, të tilla si shiitake, gështenjë dhe gocë deti
- Një grusht gjethe koriandër, të prera

Udhëzime :

a) Piqini specat e tharë në një tigan të thatë derisa të errësohen pak, duke i tundur shpesh. Pritini në gjysmë dhe shkundni farat, më pas bluajini në pluhur. Ngrohni 4 lugë vaj në një tenxhere të madhe që nuk ngjit.

b) Shtoni të gjitha erëzat dhe skuqini për 10 sekonda. Shtoni qepët dhe ziejini derisa të jenë skuqur mirë në skajet.

c) Ndërkohë përziejmë domatet, kosin, hudhrën dhe xhenxhefilin derisa të jenë të lëmuara. Shtojini qepëve me erëzat e bluara dhe pak kripë.

d) Gatuani, duke e përzier herë pas here, derisa masala të jetë zvogëluar plotësisht dhe të lëshojë pikat e vajit përsëri në tigan. Vazhdoni të gatuani duke e përzier shpesh në zjarr të fortë për 4-5 minuta. Shtoni 350 ml ujë, lëreni të vlojë, ziejini për 3-4 minuta, më pas mbajeni të ngrohtë.

e) Ngrohni 1 lugë vaj dhe gjysmën e gjalpit në një tigan të madh. Shtoni gjysmën e kërpudhave, spërkatni me pak kripë dhe skuqni për pesë minuta, derisa të karamelizohen në skajet. Përsëriteni me vajin e mbetur, gjalpin dhe kërpudhat. I derdhni në salcë, i trazoni mirë dhe më pas rregulloni erëzat.

f) Shtoni pak ujë nëse është e nevojshme - salca duhet të jetë e trashë, por jo shumë e ngjitshme. Ziejini për 3-4 minuta më pas shërbejeni të spërkatur me koriandër.

CREMINI

84. Crimini Mushroom Crostini

Bën 24

Përbërësit:

Crostini

- Baguette 16 ons, e prerë në diagonale në 24 copa
- 2 lugë vaj ulliri ose më shumë sipas nevojës
- 1 thelpi hudhër e madhe, e qëruar, e prerë në gjysmë

Kërpudha

- 1 luge vaj ulliri
- 1 qepe e madhe, e qëruar, e grirë
- 3/4 kile kërpudha të vogla crimini, të fshira, të prera hollë
- 2 lugë rozmarinë të freskët të grirë
- 2 lugë sherebelë të freskët të grirë
- Degë rozmarine për garniturë sipas dëshirës

Udhëzime :

a) Për të bërë crostini: Ngrohni broilerin. Vendosini fetat e baguettes në një tigan për brojler.

b) Lyejeni çdo fetë me pak vaj ulliri dhe fërkojeni me anën e prerë të hudhrës. Vendoseni nën broilerin dhe ziejini derisa të skuqen pak dhe të jenë të freskëta.

c) Hiqeni nga broileri dhe lëreni mënjanë të ftohet.

85. Marinadë Crimini dhe Karrota

Shërben 10

Përbërësit:

- 8 ons kërpudha crimini
- 1 gotë ujë
- 1/2 lugë çaji kripë
- Karota të vogla 8 ons, shkurtoni majat dhe pastroni me pastrim
- 12 ons angjinare, të përgjysmuara
- Veshja:
- 1/4 filxhan vaj ulliri
- 1/4 filxhan uthull balsamike
- 2 lugë çaji kopër të freskët
- 1/4 lugë çaji kripë
- 1/4 lugë çaji piper
- 1/2 filxhan speca të kuq të pjekur, julienned

Udhëzime :

a) Në një tigan të madh, kombinoni kërpudhat, ujin dhe 1/2 lugë çaji kripë. Lëreni të vlojë dhe zvogëloni nxehtësinë. Mbulojeni dhe ziejini për disa minuta. Shtoni karotat dhe kthejini të ziejnë. Ulni nxehtësinë dhe gatuajeni të mbuluar për 2 minuta të tjera. I kullojmë dhe i ftojmë perimet dhe i bashkojmë me zemrat e angjinares.

b) Në një blender ose kavanoz bashkoni vajin e ullirit, uthullën, koprën, kripën dhe piperin dhe tundeni mirë. Hidhni mbi perime dhe lyejeni. Ftoheni derisa të ftohet, deri në 2 ditë. Sillni në temperaturën e dhomës përpara se ta shërbeni. Zbukuroni me rripa piper të kuq dhe kopër.

86. Kërpudha "Rizoto" me Feta

Shërben 4

Përbërësit:

- 2 luge vaj ulliri
- 1 kile kërpudha crimini të prera në feta
- 1-1/4 filxhan (8 oz.) makarona orzo
- 1 kanaçe domate të ziera në stilin italian 14-1/2 ons
- 1 kanaçe 13-3/4 ons supë pule
- 1/4 filxhan borzilok të grimcuar dhe djathë feta me aromë domate

Udhëzime :

a) Në një tigan të madh ngrohni vajin derisa të nxehet. Shtoni kërpudhat dhe gatuajeni derisa të zbuten dhe të lëshohen lëngjet. Përzieni orzo, domatet, lëngun e pulës dhe 1/2 filxhan ujë.

b) Ziejini të mbuluara, duke e përzier herë pas here derisa orzo të zbutet dhe të

përthithet pjesa më e madhe e lëngjeve.
Përzieni djathin feta dhe shërbejeni.

87. Strudel me kërpudha

Shërben 6

Përbërësit:

- 2 qepe, të grira
- 1/2 filxhan verë të bardhë
- 8 oz. crimini, i prerë në feta
- 8 oz. shiitake, i prerë në feta
- 1 1/2 filxhan krem të rëndë
- 1/2 lugë çaji trumzë, e freskët
- Kripë dhe piper të zi për shije
- 1 vezë e rrahur
- 12 katrorë 4-inç të pastave sfumaturash

Udhëzime :

a) Gatuani kërpudhat dhe qepujt në verë derisa vera të avullojë. Shtoni kremin, trumzën dhe kripë e piper.

b) Zvogëloni përgjysmë dhe ftohuni për disa orë ose derisa kremi të mpikset. Hidhni 1 lugë çaji të rrumbullakët me përzierjen e kërpudhave në brumë, paloseni dhe lyeni me vezë të larë.

c) Piqeni në furrë për rreth 8-12 minuta ose derisa të marrin ngjyrë kafe të artë. Ngroheni masën e mbetur të kërpudhave dhe shërbejeni me strudel.

88. Krem supë me kërpudha

Shërben 2

Përbërësit:

- 2 lugë gjelle gjalpë
- 1 (paketë 6 oz.) kërpudha crimini
- 2 qepuj të grirë mesatarisht të mëdhenj
- 1/4 lugë çaji paprika hungareze
- 1 luge miell
- 1 filxhan lëng pule
- 1/2 lugë çaji trumzë e thatë, e thërrmuar
- 1/4 filxhan krem pana
- 2 lugë salcë kosi ose salcë kosi e lehtë

Udhëzime :

a) Shkrini gjalpin, qepujt dhe skuqini në nxehtësi mesatare për 5 deri në 10 minuta derisa të skuqen dhe të zbuten. Kërpudhat duhet të lëshojnë lëng, kur avullohen, të përzihen me paprika.

b) Shtoni miellin dhe përzieni derisa të trashet dhe të trashet. Shtoni trumzën dhe ziejini për 10 minuta. Llokoçis në krem dhe salcë kosi.

89. Tavë me kërpudha Crimini

Përbërësit:

- 3 paund. Kërpudha Crimini
- 1 pako 16 oz. mbushje me barishte
- 3/4 paund. djathë i mprehtë, i grirë
- 1 1/4 filxhan gjysmë e gjysmë

Udhëzime :

a) Pritini kërpudhat dhe zbardhni shkurtimisht.

b) Lyejmë me yndyrë tavën 9x13". Shtroni përbërësit duke filluar me kërpudhat, djathin, mbushjen dhe përsërisni duke përfunduar me mbushje.

c) Mos i hidhni gjalpë. Përpara pjekjes hidhni gjysmë-gjysmë mbi tavë. E pjekim ne 350 grade per 30 minuta.

90. Linguine me kërpudha dhe salcë

Përbërësit:

- 8 oz. linguine e papjekur
- 2 luge vaj ulliri
- 1 filxhan qepë të prerë në feta
- 1 paund. kërpudha të freskëta crimini
- 1 lugë çaji hudhër të grirë
- 1 kavanoz (7 oz.) speca të kuq zile të pjekura, të kulluara dhe të prera
- 1/4 lugë çaji kripë
- 1/8 lugë çaji piper i zi
- 1 1/2 filxhan krutona (aromë Cezari ose italiane)
- 1/3 filxhan djathë parmixhano

Udhëzime :

a) Gatuani petë derisa të jenë gati. Kullojeni dhe kurseni 1/2 filxhan lëng. Vendosni makaronat në një tas të madh për servirje. Në një tigan të madh mbi të mesme, ngrohni vajin e ullirit derisa të nxehet.

b) Shtoni qepën dhe gatuajeni derisa të zbutet pak. Shtoni kërpudhat dhe gatuajeni derisa të zbuten - rreth 5 minuta.

c) Hidhni specat, kripën dhe piperin sipas shijes. Shtoni pjesën tjetër të ujit, hidheni mbi linguine. Përzieni krutonët, djathin dhe shërbejeni.

91. Makarona me spinaq me kërpudha

4 porcione

Përbërësit:

- 3 lugë gjelle (45 ml) vaj ulliri ekstra të virgjër
- ½ filxhan qepe e prerë hollë ose qepë e kuqe, rreth 1 e madhe ose 2 e mesme
- Kripë Kosher
- 10 ons (275 g) kërpudha të bardha, të prera në copa të vogla
- 8 ons (225 g) tapa kërpudhash portobello, të prera në feta
- 2 thelpinj hudhre, te grira holle
- ½ lugë çaji djegës i kuq i grimcuar
- Piper i zi i freskët i bluar për shije
- 8 ons (225 g) petë të thata pappardelle ose fetuccine, ose 1 kile makarona të freskëta
- ¼ filxhan (60 ml) verë roze ose e bardhë e thatë

- 3 lugë gjelle (45 g) gjalpë
- ¼ filxhan djathë parmixhano të grirë
- 5 ons (150 g) gjethe spinaqi për fëmijë

Udhëzime :

a) Sillni një tenxhere të madhe me ujë të kripur të vlojë.

b) Vendosni një tigan të madh (12 inç) mbi nxehtësinë mesatare. Shtoni vajin e ullirit dhe qepujt në tigan së bashku me ½ lugë çaji kripë kosher. Gatuani derisa qepujt të jenë zbutur, duke i përzier shpesh, rreth 5 minuta.

c) Shtoni kërpudhat në tigan në një shtresë. Gatuani të patrazuar për 5 minuta, më pas spërkatni me ½ lugë çaji kripë dhe përziejini me qepujt. Hidhni hudhrat, djegësin dhe piperin e zi dhe vazhdoni zierjen për 5 minuta të tjera, ose derisa të zbuten dhe të kenë lëshuar lëngjet e tyre.

d) Ndërsa zihen kërpudhat, shtoni makaronat në ujin e vluar dhe gatuajeni sipas udhëzimeve të paketimit. Kullojeni.

e) Ngrini nxehtësinë nën kërpudha në mesatare dhe derdhni verën. Lëreni të fryjë dhe gatuajeni për 2 minuta. Përzieni gjalpin derisa të shkrihet. Hiqeni tiganin nga zjarri dhe shtoni në tigan ¼ filxhan djathë dhe spinaq. Përziejini derisa gjethet të jenë tharë.

f) Shtoni makaronat e gatuara në tigan dhe hidhini butësisht salcën. Shërbejeni në enë me djathë shtesë të spërkatur mbi makarona. Hidhni një gotë verë dhe shijoni!

PORTOBELLO

92. Supë me kërpudha Portobello

Shërben 6

Përbërësit:

- 300 ml krem i vetëm
- 1 litër qumësht
- 200 ml ujë të ftohtë
- 1 qepë e madhe, e prerë në kubikë
- 50 g gjalpë
- Kripë
- 250 g kërpudha portobello, të prera hollë
- 100 g kërpudha butona, të prera hollë
- 50 ml verë e errët e ëmbël madeira
- 4 gjethe dafine
- 200 ml krem dopio
- Piper i zi
- 6 gjethe të vogla dafine, për t'i shërbyer

Udhëzime :

a) Në një tenxhere të madhe, ajkën e vetme, qumështin dhe ujin e vendosni ngadalë të ziejnë.

b) Ndërkohë, në një tenxhere tjetër djersitni ngadalë qepën me gjalpin, 2 gjethe dafine dhe pak kripë. Pasi qepa të jetë e tejdukshme, shtoni kërpudhat dhe ziejini në zjarr më të lartë derisa të piqet lagështia. Shtoni verën madeira dhe uleni në një lustër ngjitëse.

c) Hidhni përzierjen e kremit të vluar, përzieni mirë dhe kthejeni përsëri në valë. Gatuani për jo më shumë se 5 minuta, hiqni gjethet dhe më pas përzieni mirë.

d) Nëse e keni futur kremin e dyfishtë me gjethe dafine gjatë natës, hiqeni para se ta rrahni kremin në një Chantilly të lehtë - duhet të trashet dhe të bjerë me pakënaqësi nga një lugë. Përndryshe, rrahim gjethet e grira të dafinës.

e) Shërbejeni supën me një lugë krem të dyfishtë, pak piper dhe një gjethe të vogël dafine.

93. Omëletë me kërpudha të fryra

Shërben 2

Përbërësit:

- 20 g gjalpë
- 1 luge vaj ulliri
- 2 kërpudha të mëdha, të prera hollë
- 1 qepe banane, e prerë hollë
- 3 vezë
- 100 ml kos natyral
- 1 lugë borzilok, i grirë
- 1 lugë majdanoz, i grirë
- ½ lugë gjelle qiqra, të prera

Udhëzime :

a) Ngrohni gjalpin dhe vajin në një tigan të madh me kapak. Skuqini kërpudhat, duke mos i përzier shumë shpesh, që të marrin pak ngjyrë.

b) Shtoni qepën dhe gatuajeni derisa të jetë e butë. Uleni zjarrin në flakën më të vogël të mundshme.

c) Përziejini vezët dhe kosin së bashku, më pas rregullojeni me pak kripë deti dhe piper. Rrihni me një kamxhik elektrike (ose fort me dorë) derisa të bëhet shumë shkumë.

d) Hidheni përzierjen në tigan, shtoni barishtet dhe mbulojeni.

e) Gatuani derisa të fryhet dhe të ngurtësohet plotësisht.

94. Portobellos të pjekur romane

Rendimenti: 4 porcione

Përbërësit:

- 6 ons kërpudha Portobello
- ½ kile spageti
- Kripë dhe piper
- ½ filxhan supë e preferuar
- 1 filxhan qepë të grirë
- 1 filxhan piper i kuq ose patëllxhan i copëtuar, ose 1/2 filxhan secila
- 1 thelpi hudhër, e grirë
- 2 lugë majdanoz të freskët të grirë
- 1 kanaçe (16 ons) salcë domatesh
- 1 lugë çaji salcë vegjetariane Worcestershire
- ½ lugë çaji rigon të tharë
- ¼ filxhan djathë parmixhano të grirë pa yndyrë

Udhëzime :

a) Ngroheni furrën që të piqet. Sillni një tenxhere të madhe me ujë të ziejë. Kërpudhat i pastroni, i rregulloni me kripë dhe piper dhe i ziejini për disa minuta nga të dyja anët.

b) Ndërkohë gatuajini makaronat në ujë të vluar derisa të jenë al dente. Pritini kërpudhat në shirita të gjatë rreth $\frac{1}{2}$ gjerësi. Kulloni makaronat, vendosini në një tavë të spërkatur lehtë me Pam dhe sipër lyeni me kërpudha. Uleni temperaturën e furrës në 350 gradë Fahrenheit.

c) Lëreni lëngun të ziejë në një tigan.

d) Kaurdisni qepët, hudhrat, majdanozin dhe specat/patëllxhanin në lëng mishi për rreth pesë minuta. Shtoni salcën e domates, salcën Worcestershire dhe rigonin dhe gatuajeni edhe dy minuta të tjera. Hidhni mbi makarona dhe kërpudha. Spërkateni me djathë.

e) Mbulojeni dhe piqni për rreth 30 minuta.

95. Biftekë portobello të pjekura në Barbekju

Rendimenti: 1 porcione

Përbërësit:

- 4 kapele të mëdha kërpudhash Portobello
- Salcë Barbecue
- ½ lugë çaji kripë
- ¼ lugë çaji piper i sapo bluar

Udhëzime :

a) Përgatitni skarë.

b) Fshini kapakët e kërpudhave me peshqir letre; lyeni çdo kapak me 1 salcë Barbecue dhe spërkatni me kripë dhe piper.

c) Rregulloni kërpudhat me kapakun poshtë, në skarë; tendë me fletë metalike. Grijini 3 deri në 5 minuta mbi qymyr mesatar-të ulët. Hiqni fletë metalike; lyeni çdo kërpudha me 1 lugë gjelle salcë. Ktheni kërpudhat dhe lyejini me 1 lugë tjetër salcë.

d) Grijini 3 deri në 5 minuta më shumë, derisa të zbuten kur shpohen me pirun. Shërbejeni me salcën e mbetur të Barbecue, të nxehtë, nëse dëshironi. Bën 4 racione.

96. Portobellos mëngjes me shiitakes

Rendimenti: 4 porcione

Përbërësit:

- 4 kapele portobello të freskëta mesatare deri në të mëdha, 4-6 inç të gjerë; pastruar
- 3 lugë vaj ulliri
- 4 ons kërpudha shiitake; kërcejtë hiqen dhe kapakët janë prerë në feta
- ½ qepë e vogël; prerë imët
- 1 filxhan kokrra misri te fresket
- ⅓ filxhan arra pishe të thekura
- ½ filxhan proshutë të skuqur, të thërrmuar (sipas zgjedhjes)
- Kripë
- 8 vezë

Udhëzime :

a) Ngroheni furrën në 400 gradë. Vendosni kapakët e portobellos, anët e gushës lart, në një enë të madhe pjekjeje dhe piqini për 5 minuta. Ndërkohë ngrohni vajin në një tigan të madh në zjarr të fortë. Shtoni shiitakes, qepë dhe misër; Skuqeni derisa kërpudhat të zbehen dhe misri të zbutet, 3-4 minuta. Shtoni arra pishe dhe proshutë nëse përdorni dhe përzieni mirë. Sigurohuni që ta shijoni mirë.

b) Hiqni kërpudhat nga furra dhe ndani në mënyrë të barabartë përzierjen e shiitake në sipërfaqen e lëmimit të 4 kapakëve. Sigurohuni që kapakët të vendosen sa më të sheshtë që të jetë e mundur në mënyrë që vezët të mos rrëshqasin në njërën anë gjatë pjekjes. Thyeni 2 vezë sipër secilës kërpudha.

c) Kriposni lehtë vezët dhe kthejeni enën në furrë. Piqini derisa vezët të jenë bërë sipas dëshirës tuaj, pastaj shërbejini menjëherë.

97. Madira pule me portobello

Rendimenti: 1 porcione

Përbërësit:

- 4 gjysma të mëdha gjoksi pule pa kocka
- 8 ons Portobellos; i prerë në feta trashë
- 1 filxhan miell për të gjitha përdorimet
- 2 lugë gjelle gjalpë
- 2 luge vaj ulliri
- Kripë dhe piper i sapo bluar për shije
- 1 lugë gjelle majdanoz ose borzilok i freskët italian; i grirë
- Burimet e majdanozit të freskët italian ose borzilokut
- ½ filxhan verë e thatë Madeira
- ½ filxhan lëng pule

Udhëzime :

a) Vendosni gjokset e pulës një nga një midis 2 fletëve të letrës së dylluar. Shtroni copat e pulës, me anën nga e cila u hoq lëkura poshtë, në letrën e dylluar dhe rrafshoni butësisht me çekiç çekiç.

b) Rrafshojini ato në trashësi rreth $\frac{1}{4}$ inç. Goditja e pulës ka dy qëllime; 1) për ta bërë gjoksin më të madh, dhe më e rëndësishmja 2) është të bëni trashësinë edhe në mënyrë që koha e gatimit të jetë uniforme.

c) Bashkoni miellin, kripën dhe piperin në një copë letre të pastër të depiluar. Lyejeni çdo gjoks pule me miell të kalitur; ngrini nga një skaj dhe shkundni butësisht miellin e tepërt. Vendosni çdo copë pule të pluhurosur në një copë tjetër letre të depiluar dhe mos lejoni që ato të mbivendosen me njëra-tjetrën.

d) Shkrini 2 lugë çaji gjalpë dhe 2 lugë çaji vaj ulliri në një tigan të madh e të thellë që nuk ngjit. Kur gjalpi dhe vaji të jenë të nxehtë (flluskues), shtoni kërpudhat.

Skuqini në zjarr të fortë derisa kërpudhat të skuqen lehtë dhe të zbuten dhe të ketë avulluar i gjithë lëngu. Hiqni kërpudhat nga tigani dhe lërini mënjanë.

e) I rregulloni kërpudhat me kripë, piper dhe majdanoz ose borzilok. Kthejeni tiganin në nxehtësi mesatare-të lartë. Shtoni gjalpin e mbetur dhe vajin e ullirit. Shtoni pulën në tigan duke gatuar fillimisht anën e hequr nga lëkura.

f) Skuqini gjokset e pulës për 2-3 minuta nga secila anë. Mos e teproni. Transferoni pulën në një pjatë të madhe dhe mbulojeni me fletë metalike. OSE Ju gjithashtu mund t'i mbani gjokset e pulës të gatuara në një furrë të ngrohtë (150-200 gradë) në një pjatë të madhe.

g) Kur të gjitha gjokset e pulës të jenë skuqur, hidhni yndyrën e tepërt nga tigani, duke lënë vetëm disa pika në tigan. Hidhni verën dhe lëngun e pulës dhe mbi nxehtësinë mesatare, kruani pjesën e poshtme të tiganit, duke liruar të gjitha grimcat që ngjiten në fund dhe duke i tretur në lëng. OSE Mund ta deglazoni tiganin në mënyrën më tradicionale. Shtoni verën në tigan dhe skuqeni në zjarr të lartë derisa të zvogëlohet përgjysmë në vëllim, rreth 2 deri në 3 minuta.

h) Shtoni lëngun e pulës dhe skuqeni në zjarr të lartë derisa të zvogëlohet përgjysmimi i vëllimit, rreth 1 minutë.

i) Kthejini portobellos në tigan. Shijoni dhe rregulloni erëzat, nëse është e nevojshme. Lugë salcë mbi pulë. Shërbejeni.

j) Shërbejeni pulën në një pjatë të zbukuruar me degëza të freskëta majdanozi ose borziloku italian, cilado barishte që zgjidhni të përdorni në pjatë.

98. Lazanja me patëllxhanë dhe portobello

Rendimenti: 1 porcione

Përbërësit:

- 1 kile domate kumbulle; të katërta
- 1½ filxhan Llambë kopër të grirë trashë
- 1 luge vaj ulliri
- Spërkatje me vaj vegjetal që nuk ngjit
- 4 patëllxhanë të mëdhenj japonezë; prerë, secila e prerë për së gjati në katër
- Feta ⅓ të trasha
- 3 kërpudha të mesme Portobello; bishtat e prera, kapelet e prera
- 1 lugë gjelle uthull orizi
- 3 gota gjethe spinaqi; shpëlarë
- 4 feta të holla djathë mocarela me pak yndyrë
- 2 speca zile të kuqe të pjekura nga një kavanoz; kulluar, prerë në shirita 1/2 inç të gjerë

- 8 gjethe të mëdha borziloku

Udhëzime :

a) Këto terrina individuale perimesh mund të mblidhen një ditë përpara.

b) Ngrohni furrën në 400°F. Rregulloni domatet dhe kopër në një enë pjekjeje qelqi 13x9x2 inç. Hidhni vaj sipër; hedh për të përzier. Piqni derisa kopër të zbutet dhe të fillojë të skuqet, rreth 45 minuta. I ftohtë.

c) Spërkatni 2 fletë pjekjeje që nuk ngjiten me llak me vaj vegjetal. Në fletët e përgatitura rregulloni fetat e patëllxhanit dhe kërpudhave. Piqni derisa perimet të zbuten, rreth 30 minuta për fetat e patëllxhanit dhe 40 minuta për kërpudhat. Pure përzierje domate në procesor. Transferoni në një sitë mbi një tas. Shtypni lëndët e ngurta për të nxjerrë lëngun; hidhni lëndët e ngurta. Përzieni uthullën në lëng. Sezoni vinegrette me kripë dhe piper.

d) Llokoçisni spinaqin në një tigan të madh që nuk ngjit mbi nxehtësinë mesatare deri në të lartë derisa të thahet, rreth 1 minutë. Hiqeni nga zjarri.

e) Ngrohni furrën në 350°F. Spërkatni katër pjata kremi me $1\frac{1}{4}$ filxhan me llak vaji vegjetal. Rreshtoni çdo pjatë me 2 feta patëllxhani në një model të kryqëzuar.

f) Spërkateni me kripë dhe piper. Sipër secilit me $\frac{1}{4}$ e spinaqit. Sipër secilit me 1 fetë mocarela. Rregulloni sipër rripat e piperit, pastaj borzilokun dhe kërpudhat.

g) Sipër shtoni fetat e mbetura të patëllxhanëve, duke i prerë në mënyrë që të përshtatet. Spërkateni me kripë dhe piper. Mbuloni çdo pjatë me fletë metalike. (Vinegrette dhe lazanja mund të përgatiten 1 ditë përpara. Mbulojeni veçmas; ftohuni.) Piqni lazanjat derisa të zbuten shumë, rreth 25 minuta. Hiqni fletë metalike. Duke përdorur një thikë të vogël, prisni rreth perimet që të lirohen. Përmbyseni në pjata. Lugë vinegrette sipër.

99. Sanduiç dhe Pesto me biftek me kërpudha

SHËRBON 4

Përbërësit:

- 2 filxhanë bizele të ngrira të Birds Eye Garden
- 1 filxhan gjethe rakete bebe
- 1 thelpi hudhër e vogël, e qëruar
- ¼ filxhan djathë parmixhano të grirë imët
- ¼ filxhan arra pishe, të thekura
- 3 lugë vaj ulliri ekstra të virgjër
- 4 kërpudha portobello
- 4 feta bukë kosi, të thekura
- Lakërishtë dhe rrepkë e rruar, për servirje

Udhëzime :

a) Kullojini bizelet e gatuara Birds Eye dhe lërini mënjanë $\frac{1}{2}$ filxhan bizele. Vendosni bizelet e mbetura, raketën, hudhrën, parmixhanin, arrat e pishës dhe 2 lugë vaj në një përpunues ushqimi dhe përpunoni derisa të bëhen pure. Sezoni sipas shijes. Përziejini bizelet e rezervuara përmes pestës së bizeleve.

b) Vendosni kërpudhat në një tepsi të veshur me letër pjekjeje dhe spërkatini me vajin e mbetur. Vendoseni nën një skarë të nxehur më parë dhe gatuajeni për 2 minuta nga të dyja anët derisa të skuqet lehtë.

c) Përhapeni pesto bizele mbi bukë, sipër kërpudha, lakërishtë dhe rrepkë. Shërbejeni menjëherë.

100. Pica e pjekur në skarë Bianca portobellos

Rendimenti: 4 porcione

Përbërësit:

- 1 lugë gjelle Plus 1 lugë çaji hudhër; i grirë
- Vaj ulliri i virgjër
- 4 kërcell kërpudhash portobello 4" të hedhura
- 20 feta Patëllxhan; prerë 1/8" trashësi
- 2 gota Djathë fontina e grirë e paketuar lirshëm
- ¾ filxhan djathë parmixhano i sapo grirë
- ½ filxhan djathë Gorgonzola; i shkërmoqur
- Brumë pica
- ¼ filxhan majdanoz me gjethe të sheshtë; i copëtuar

Udhëzime :

a) Përgatitni një zjarr me qymyr druri dhe vendoseni raftin e skarës 3 deri në 4 inç mbi qymyr.

b) Në një tas, përzieni hudhrën me $\frac{1}{4}$ filxhan vaj ulliri. Lyejeni me furçë vajin mbi kërpudhat dhe patëllxhanin.

c) Në një enë tjetër, hidhni së bashku fontinën, parmixhanin dhe gorgonzolen. Mbulojeni dhe vendoseni në frigorifer. Kur hiri i bardhë fillon të shfaqet në thëngjij, zjarri është gati.

d) Grijini kapakët e kërpudhave derisa të zbuten dhe të gatuhen, rreth 4 minuta për anë. Grijini fetat e patëllxhanit deri sa të zbuten, rreth dy minuta për anë. Pritini kapakët e kërpudhave $\frac{1}{8}$ inç të trasha dhe lërini mënjanë me patëllxhanin.

e) Ndani brumin e picës në katër pjesë të barabarta. Mbani të mbuluara 3 pjesë. Në një fletë pjekjeje të madhe, të lyer pak me vaj, të pashtruar, shtrini dhe rrafshoni me duar pjesën e katërt të brumit për të formuar një formë të lirë 12 inç rreth 1/16 inç të trashë; mos bëj buzë.

f) Mbuloni butësisht brumin në skarë të nxehtë, brenda një minute brumi do të fryhet pak, pjesa e poshtme do të ngurtësohet dhe do të shfaqen shenjat e skarës.

g) Duke përdorur darë, kthejeni menjëherë koren në një fletë pjekjeje të ngrohur dhe lyejeni me vaj ulliri. Hidhni një të katërtën e djathrave të përzier, majdanozin dhe perimet e pjekura në skarë mbi kore.

h) Lyejeni picën me vaj ulliri. Rrëshqiteni picën mbrapsht drejt qymyrit të nxehtë, por jo drejtpërdrejt mbi pjesët që marrin nxehtësi të lartë; kontrolloni shpesh pjesën e poshtme për të parë që nuk karbon. Pica bëhet kur djathrat janë shkrirë dhe perimet janë ngrohur, 3 deri në 4 minuta.

i) Shërbejeni picën të nxehtë jashtë skarës. Përsëriteni procedurën për të bërë picat e mbetura.

PËRFUNDIM

Shumëllojshmëria e specieve, teksturave dhe shijeve të disponueshme në botën e kërpudhave është e ngjashme me shumëllojshmërinë e frutave. Prandaj, është e çuditshme të mendosh se për shkak se një person nuk i pëlqen një lloj kërpudhash, ai nuk do t'i pëlqente të gjitha ose edhe ndonjë recetë që përfshin kërpudha.

Gjerësia e varieteteve të kërpudhave shpesh neglizhohet. Kur njerëzit dëgjojnë fjalën "kërpudha", ata shpesh mendojnë për kërpudhat White Button nga dyqanet ushqimore, duke anashkaluar plotësisht larminë e aromave, shijeve dhe teksturave të disponueshme në botën e kërpudhave të egra!

Besoj se ky libër gatimi ju ka futur në një botë të re të larmishme kërpudhash dhe e di që do t'ju pëlqejë të gatuani nga ky libër!

www.ingramcontent.com/pod-product-compliance
Lightning Source LLC
LaVergne TN
LVHW021651060526
838200LV00050B/2298